◑ 머 리 말

성경을 공부하고 애독하는 분들을 돕기 위하여 '성경요점' 을 간추려 보았습니다. 이 책에 있는 내용들은 성경이나 다른 종교 서적을 통해서도 찾아볼 수 있지만 여러 권을 보아야 되는 수고와 불편이 따르기에 이렇게 한 권의 책으로 엮게 된 것입니다.

성경책 뒷면에 끼워 놓고 항상 성경과 같이 볼 수 있도록 휴대하기 편리하게 만들었습니다. 성경을 공부하는 평신도, 교사, 신학도, 설교자 여러분들께 도움이 되시길 바랍니다.

이 책을 만들 수 있도록 후원해 주신 분들께 감사를 드립니다.

- 2008. 6

엄승용

◑ 차례

“모든 성경은 하나님의 감동으로 된 것으로
교훈과 책망과 바르게 함과 의로 교육하기에 유익하니
이는 하나님의 사람으로 온전하게 하며
모든 선한 일을 행할 능력을 갖추게 하려 함이라”
(딤후 3:16-17)

1. 성경 분류

	구분	권수	성경
구약편	① 율법서(모세오경)	5권	창세기 · 출애굽기 · 레위기 · 민수기 · 신명기
	② 역사서	12권	여호수아 · 사서기 · 룻기 · 사무엘상 · 사무엘하 · 열왕기상 · 열왕기하 · 역대상 · 역대하 · 에스라 · 느헤미야 · 에스더
	③ 지혜문학	5권	욥기 · 시편 · 잠언 · 전도서 · 아가서
	④ 예언서	17권	
	대선지서	5권	이사야 · 예레미야 · 예레미야애가 · 에스겔 · 다니엘
	소선지서	12권	호세아 · 요엘 · 아모스 · 오바댜 · 요나 · 미가 · 나훔 · 하박국 · 스바냐 · 학개 · 스가랴 · 말라기
신약편	⑤ 4복음서	4권	마태복음 · 마가복음 · 누가복음 · 요한복음
	공관복음	3권	마태복음 · 마가복음 · 누가복음
	⑥ 역사서	1권	사도행전
	⑦ 서신서	21권	
	바울서신	13권	
	교리서신	4권	로마서 · 고린도전서 · 후서 · 갈라디아서
	옥중서신	4권	에베소서 · 빌립보서 · 골로새서 · 빌레몬서
	목회서신	3권	디모데전서 · 후서 · 디도서
	일반서신	2권	데살로니가전서 · 후서
	공회서신	8권	히브리서 · 야고보서 · 베드로전서 · 후서 · 요한 1 · 2 · 3서 · 유다서
	⑧ 예언서	1권	요한계시록

2. 성경개관

성경 \ 구분	전체	구약	신약
기록된 언어		히브리어	헬라어(그리스)
책수	66권(70)	39권(43)	27권
장수	1,189장	929장	260장
절수	31,173절	23,214절	7,959절
글자 수(영문)	3,566,490자	2,728,110자	838,380자
쓴 사람 수	34명(35명으로 보는 이도 있음)	26명	8명(9명으로 보는 이도 있음)
쓴 기간	1600년 동안	1500년 동안	100년 동안
쓴 뜻	허락의 응함	허락(창 3:15)	응함(요 3:16)
한가운데 책	짝수이므로 없음	잠언	데살로니가후서
한가운데 장	시 117편	욥 29장	짝수이므로 없음
한가운데 절	시 118:18	대하 20:7	행 17:17
가장 긴 책	시편	시편	사도행전
가장 짧은 책	요한 2서	오바댜	요한 2서
가장 긴 장	시 119편	시 119편	마 26장
가장 짧은 장	시 117편	시 117편	계 15장
가장 긴 절	에 8:9	에 8:9	고후 12:20
가장 짧은 절	출 20:13-14	출 20:13-14	살전 5:16

※길고 짧은 장, 절은 번역에 따라 바뀔 수도 있음.

말이 같은 장	왕하 19장=이사야 37장
각절 끝이 같은 장	시편 136편
말이 같은 절	시편 107편 8,15,21,31
재림-말씀 사용 횟수	318회
하나님의아들- 〃	40회
인자- 〃	77회
독생자- 〃	5회

3. 성경저자 및 기록연대

(구약성경의 공인연대는 B.C. 621-B.C. 160년경이고 에스더,전도서,아가서는 A.D. 90년경이다.)

책명	저자	기록연대	주제	장수
창세기	모세	B.C. 1450-1400년경	히브리민족의 기원	50
출애굽기	〃	〃	히브리 민족과의 언약	40
레위기	〃	〃	히브리 민족의 율법	27
민수기	〃	〃	약속된 땅으로 감	36
신명기	〃	〃	히브리 민족의 율법	34

책명	저자	기록연대	주제	장수
여호수아	여호수아	B.C. 1450-1400년경	가나안 땅의 정복	24
사사기	사무엘	B.C. 1050년경	가나안 땅에서의 처음 300년	21
룻기	〃	〃	다윗의 메시아 계보의 시작	4
사무엘상	(대부분) 〃	B.C. 1000-950	왕국의 성립	31
사무엘하	(대부분) 〃	B.C. 1000-950	다윗의 통치	24
열왕기상	에스라	B.C. 562-536	왕국의 분열	22
열왕기하	〃	〃	분열된 왕국의 역사	25
역대상	〃	B.C. 450	다윗의 통치	29
역대하	〃	B.C. 450	남쪽 왕국의 역사	36
에스라	〃	B.C. 456-444	포로에서 돌아옴	10
느헤미야	느헤미야	B.C. 445-425	예루살렘의 재건	18
에스더	모르드개	B.C. 464-424	전멸을 면한 이스라엘	10
욥기	모세	B.C. 1500년경	고난의 문제	42
시편	(대부분)다윗	B.C. 1050-500년경	이스라엘 선민의 찬송시집	150
잠언	솔로몬	B.C. 950-700년경	솔로몬의 지혜	31
전도서	〃	B.C. 950-935	세상살이의 헛됨	12
아가	〃	B.C. 965	부부 사랑을 찬양(예수님과 그 신부)	8
이사야	이사야	B.C. 739-680	메시아의 선지자	66
예레미야	예레미야	B.C. 627-585	예루살렘 구출의 마지막 노력	52
예레미야애가	〃	B.C. 586	예루살렘 황폐에 대한 비가	5
에스겔	에스겔	B.C. 593-570	"너희는 내가 여호와인 것을 알리라"	48
다니엘	다니엘	B.C. 606-534	바벨론에서의 예언	12
호세아	호세아	B.C. 722-710	이스라엘의 배신	14
요엘	요엘	B.C. 830	성령 시대에 대한 예언	3
아모스	아모스	B.C. 760	다윗 계보의 최후 승리	9
오바댜	오바댜	B.C. 587-586	에돔의 멸망	1
요나	요나	B.C. 800-760	니느웨의 구원	4
미가	미가	B.C. 694-700	메시아 탄생지는 베들레헴이라 예언	8
나훔	나훔	B.C. 612	니느웨의 멸망	3
하박국	하박국	〃	"의인은 믿음으로 살리라"	3
스바냐	스바냐	B.C. 630-627	'깨끗한 입술' 이 오심	3
학개	학개	B.C. 520	성전의 재건	2
스가랴	스가랴	B.C. 518	성전의 재건	14
말라기	말라기	B.C. 400	불순종하는 백성에게 준 최후의 경고	4
마태복음	마태	A.D. 50-70	유대인의 왕 예수	28
마가복음	마가	A.D. 67-70	고난의 종 예수	16
누가복음	누가	A.D. 58-68	인자이신 예수	24
요한복음	요한	A.D. 80-90	하나님의 아들이신 예수	21
사도행전	누가	A.D. 61-62	교회의 설립	28
로마서	바울	A.D. 56년경	믿음으로 의롭게 됨	16
고린도전서	〃	A.D. 55년경	교회의 질서	16

책명	저자	기록연대	주제	장수
고린도후서	바울	A.D. 56년경	바울의 사도에 대한 변명	13
갈라디아서	〃	A.D. 56년경	율법이 아니라 은혜로	6
에베소서	〃	A.D. 61-62	교회의 단결	6
빌립보서	〃	〃	희락의 복음	4
골로새서	〃	〃	예수의 신성	4
데살로니가전서	〃	A.D. 50-52	주님의 재림	5
데살로니가후서	〃	〃	주님의 재림	3
디모데전서	〃	A.D. 63년경	교회 자도자의 올바른 자세	6
디모데후서	〃	〃	성도의 인내와 경건생활	4
디도서	〃	A.D 66년경	교회의 역할과 목회자의 책임	3
빌레몬서	〃	A.D. 62	도망간 노예의 회심	1
히브리서	〃 (?)	A.D. 65-69	새언약의 중보자 그리스도	13
야고보서	야고보	A.D. 62	행함으로 온전케 되는 믿음	5
베드로전서	베드로	A.D. 64-65	환난을 이기는 산 소망	5
베드로후서	〃	A.D. 66년경	거짓 교사의 경계	3
요한 1서	요한	A.D. 90년경	사랑	5
요한 2서	〃	〃	거짓 선생에 대한 경고	1
요한 3서	〃	〃	거짓 동역자 배척	1
유다서	유다	A.D. 70-80	임박한 배교	1
요한계시록	요한	A.D. 81-96	그리스도의 재림과 궁극적 승리	22

(신약성경의 공인연대는 A.D.397년 카르타고회의에서 정했다.)

4. 성경 장 제목

(1) 구약편

장	제목	장	제목
	[창세기]	16	이스마엘
1	천지창조	17	아브람의 개명과 할례
2	인간 창조와 에덴 동산	18	아브라함의 중보적 기도
3	인류의 타락과 구원	19	소돔과 고모라의 멸망
4	가인과 아벨	20	아비멜렉
5	아담의 족보	21	이삭의 출생과 이스마엘 축출
6	홍수 심판의 예고와 구원의 준비	22	아브라함의 시험(모리아 산)
7	홍수의 심판	23	사라의 별세
8	지면의 회복	24	이삭과 리브가의 결혼
9	은혜 계약과 노아의 실패(무지개)	25	아브라함의 죽음(팥죽)
10	노아의 족보(인종 분포)	26	이삭의 생활(세 우물)
11	바벨탑과 인류의 분리	27	이삭의 축복
12	복의 근원	28	야곱이 하란으로 망명(사다리)
13	아브라함과 롯	29	처가살이 하는 야곱
14	아브람의 전쟁(십일조)	30	야곱의 자녀와 물질의 축복(아롱진 양)
15	아브람의 칭의(후사의 허락)	31	미스바 언약

장	제목
32	천사와 씨름한 야곱(얍복 강변의 기도)
33	에서와 야곱의 만남
34	야곱의 아들들의 살인 죄(디나)
35	이삭의 죽음(야곱이 벧엘로)
36	에서의 족보
37	요셉의 애굽 피난
38	유다의 가정(다말)
39	요셉의 고난
40	두 관원의 꿈 해몽
41	바로의 꿈(요셉의 총리 됨)
42	돈자루
43	요셉과 베냐민(연회)
44	요셉이 형들을 시험
45	형제 상봉
46	부자 상봉
47	야곱의 가족이 바로에게 소개됨
48	두 손자를 축복하는 야곱
49	야곱이 아들들의 장래를 예언
50	야곱의 장사와 요셉의 죽음
	[출애굽기]
1	인간의 모략과 하나님의 경륜
2	모세의 탄생
3	호렙 산의 불꽃
4	모세의 지팡이
5	바로의 고집(더 큰 고역)
6	하나님의 권고와 약속
7	피 재앙
8	개구리, 이, 파리 재앙
9	온역, 종기, 우박 재앙
10	황충과 흑암 재앙
11	제10째 재앙을 선고
12	유월절의 기원
13	출애굽(무교절)
14	홍해를 건너서
15	승리의 찬송
16	만나와 메추라기
17	아말렉 전쟁
18	이드로의 내방
19	시내산에 오른 모세
20	십계명을 받은 모세
21	죄와 벌과 법(종의 법)

장	제목
22	종교 및 사회도덕(전당법)
23	종교와 도덕상 규례(3대절기)
24	70인 장로와 등산
25	성소와 법궤(장막)
26	장막제조법
27	제단과 장막의 도형
28	제사장의 의복
29	제사장의 직분
30	향단
31	장막제조의 직공 선택(안식일)
32	금송아지
33	하나님께 기도하는 모세
34	두 번째의 두 돌판
35	성막재료
36	헌물과 충성된 봉사(성막 착수)
37	성막 내부구조(4대 기구)
38	성소 건축비
39	제사장의 의복을 제조(성막 준공)
40	성막의 영광(낙성)
	[레위기]
1	번제 드리는 법과 제물
2	소제 드리는 법
3	화목제 드리는 법과 제물
4	속죄제 드리는 법
5	속죄제에 대하여(속건제)
6	제례총론
7	속건제 드리는 법(아론 자손의 소득)
8	제사장 장립(위임식)
9	대제사장
10	다른 불에 대한 심판
11	불결물과 정결물
12	산후결례
13	문둥병
14	문둥병의 정결법
15	유출증과 정결법
16	대속죄의 일(아사셀)
17	속죄의 피(음혈 금지)
18	가정의 성결
19	성결과 거룩
20	범죄자의 사형법(형법)
21	제사장의 자격

장	제목
22	성물과 희생의 규례
23	여호와의 절기(6대 성절)
24	훼방 징벌(슬로밋)
25	안식년과 희년의 제도
26	축복과 저주의 교훈
27	소원과 십일조법(속전)
	[민수기]
1	제1회 인구조사
2	진행의 순서
3	레위인의 특권(아론의 직무)
4	레위족의 직업
5	부정물 제거법
6	맹세 규례법(나실인)
7	족장의 예물
8	레위인의 직무
9	2차 유월절
10	은나팔과 발행
11	70인 장로
12	아론과 미리암의 범죄
13	정탐꾼을 파송(12정탐꾼)
14	백성의 원망으로 40년간 표류
15	제사 규례
16	고라당의 반역
17	싹난 아론의 지팡이(12지팡이)
18	레위인의 직무와 기업
19	정결케 하는 희생의 피
20	반석물(미리암과 아론 죽음)
21	구리뱀
22	발락이 발람을 초청
23	발람이 이스라엘을 축복
24	발람이 장래를 예언(발람의 실패)
25	범죄와 하나님의 징벌(음행)
26	제2회 인구조사
27	여호수아의 장립(슬로브핫의 딸)
28	절기와 제물(4대절기)
29	나팔절(3대절)
30	서원하는 규제
31	미디안 정복
32	두 지파반의 청원
33	모압평지까지의 노정기
34	가나안 분배기

장	제목
35	도피성 설정
36	슬로브핫 딸의 순종
	[신명기]
1	아라바 · 광야(정탐꾼)
2	광야 표류(헤스본 왕)
3	두 지파 반의 요구(바산 왕)
4	호렙 산(공의의 나라)
5	10계명 강론
6	율법의 목적 설정
7	진멸할 족속
8	축복과 저주의 선고
9	금송아지
10	율법의 돌비(아론의 별세)
11	순종에 대한 축복의 약속(축복과 저주)
12	우상 예배의 엄금
13	거짓 선지자
14	성민의 지킬 의무(식물의 구별)
15	안식년에 대한 규례
16	3대절기
17	완전한 헌물(치리)
18	교훈과 예언(예수 예시)
19	생명과 재산의 옹호(도피성)
20	전쟁에 대하여(여호와 동행)
21	하나님의 권고와 규례
22	혼란과 교잡을 경계(처녀)
23	서원을 지킬 것(사생자)
24	자비와 긍휼에 대한 교훈(전당물)
25	형제된 도리(후사)
26	첫 열매
27	번제와 화목제단 쌓음(에발 산)
28	축복과 저주
29	광야 40년 생활의 회상
30	이스라엘의 회복과 권고(생명과 사망)
31	모세의 유언
32	모세의 애가
33	모세의 축복과 예언
34	모세의 죽음과 여호수아
	[여호수아]
1	부름 받은 여호수아
2	두 정탐꾼
3	요단 강을 건너감

장	제목
4	기념비 세움
5	할례와 유월절(만나가 끊김)
6	여리고 성의 함락
7	아간의 범죄
8	아이 성 점령
9	여호수아 기브온과 언약
10	대승리와 점령(아모리 5왕)
11	대승리와 전쟁 종결
12	31왕을 죽임
13	두 지파 반에게 분양
14	갈렙이 받은 기업
15	유다 지파의 기업
16	에브라임 지파의 기업
17	므낫세 지파의 기업
18	베냐민 지파의 기업
19	6지파의 기업
20	도피성을 창설
21	레위 지파의 얻은 성읍
22	두 지파 반의 제단
23	여호수아의 최후 권고
24	여호수아의 죽음
	[사사기]
1	옷니엘이 승리함
2	여호와의 사자(책망)
3	압제와 구원(3사사)
4	여사사 드보라의 승리
5	드보라의 찬송
6	기드온이 부름 받음
7	기드온의 3백 명
8	기드온의 승리
9	아비멜렉의 반역과 멸망
10	돌라와 야일
11	입다가 암몬에서 백성을 구출함
12	에브라임 사람들의 불평(십볼렛)
13	삼손 출생
14	삼손의 결혼과 실패(수수께끼)
15	나귀 턱뼈
16	들릴라(삼손의 말로)
17	미가의 신상
18	단 지파 사람과 미가집
19	레위인의 첩
20	베냐민과 이스라엘의 전쟁
21	베냐민의 자손(대성통곡)
	[룻기]
1	룻의 결심
2	룻이 보아스를 만남(보아스의 밭)
3	룻의 순종
4	룻의 상급
	[사무엘상]
1	사무엘의 탄생
2	한나의 찬송
3	사무엘의 묵시
4	법궤를 빼앗김(엘리 사망)
5	법궤와 다곤
6	법궤 벧세메스로 송환
7	사무엘의 치리
8	민중이 왕을 요구함
9	사울과 사무엘
10	사울에게 기름 부음
11	사울의 암몬전 승리
12	사무엘의 권면
13	사울의 번제
14	요나단의 승리
15	사울의 거역
16	다윗의 택함
17	다윗과 골리앗
18	요나단과 다윗
19	사울이 다윗을 박해함(미갈의 꾀)
20	요나단이 다윗을 수호함
21	다윗과 진설병(실패)
22	다윗의 피난(도엑의 고발)
23	다윗이 그알라를 구출
24	사울의 옷자락
25	다윗과 나발
26	사울의 물병
27	다윗과 아기스
28	사무엘의 혼령
29	아기스의 의심
30	아멜렉인의 만행과 다윗의 비통
31	사울의 전사와 패전
	[사무엘하]
1	사울의 부고(다윗의 비애)

장	제목	장	제목
2	다윗의 순종과 아브넬의 반역	18	갈멜 산의 결승전
3	아브넬의 피살	19	로뎀나무
4	이스보셋이 교살	20	아합과 벤하닷
5	다윗의 즉위	21	아합과 나봇의 포도원
6	웃사의 죽음	22	아합의 말로
7	다윗의 기도		[열왕기하]
8	블레셋의 정복	1	50부장 참살
9	므비보셋이 왕자의 대우 받음	2	엘리야의 승천
10	암몬 사람을 정복	3	이스라엘과 모압의 전쟁
11	다윗의 타락(범죄)	4	수넴 여인
12	나단의 책망	5	나아만의 문둥병
13	압살롬의 살인	6	불말과 불병거
14	압살롬의 귀환	7	네 문둥이의 희소식
15	압살롬의 반역	8	7년 흉년
16	시므이의 다윗 저주	9	예후 왕
17	아히도벨의 자살(바후림 우물)	10	아합의 집에 대한 심판(왕자 70인)
18	압살롬의 전사	11	아달랴의 피살
19	전투의 종결과 다윗의 환궁	12	요아스의 치세와 성전 수리
20	세바의 반역과 살벌의 죄	13	엘리사의 죽음과 기적
21	서원위반의 죄(3년간 흉년)	14	아마샤
22	다윗의 구원의 노래	15	아사랴의 문둥병
23	용감한 세 용사(37용사)	16	아하스의 치세와 범죄
24	인구조사	17	이스라엘의 멸망
	[열왕기상]	18	히스기야의 선정
1	솔로몬의 즉위	19	앗수르 전쟁(18만 5천 명)
2	다윗의 별세	20	히스기야의 생명연장(일영표)
3	솔로몬의 지혜	21	므낫세와 암몬치세
4	솔로몬의 번영	22	요시야 왕과 율법책
5	성전 건축 준비	23	요시야의 종교개혁
6	성전 건축	24	유다국 국운
7	궁전 건축과 기구	25	유다국의 멸망
8	성전 봉헌식(솔로몬의 기도)		[역대상]
9	여호와의 응답	1	아담에서 아브라함의 족보
10	스바 여왕과 솔로몬 왕국의 멸망	2	유다의 족보
11	솔로몬의 타락	3	다윗의 족보
12	남북조의 분열	4	시므온의 족보
13	여로보암과 하나님의 사람	5	2지파 반의 족보
14	여로보암의 악	6	레위인의 족보
15	아사 왕의 즉위	7	5지파의 족보
16	시므리와 오므리	8	사울의 족보(베냐민의 족보)
17	엘리야와 사르밧 과부	9	예루살렘 거류자

장	제목	장	제목
10	사울의 전사	21	여호람의 범죄
11	다윗왕국의 용사들	22	아하시야의 즉위와 범죄
12	귀순한 무사들	23	여호아다와 요아스 즉위
13	웃사와 법궤 영입(오벧에돔)	24	요아스의 치세(성전중수)
14	왕실 번창	25	아마샤의 치세와 타락
15	다윗의 춤(법궤 옮김)	26	웃시야의 치세와 말로
16	다윗의 찬송	27	요람의 치세와 만년
17	성전건축 불허	28	아하스의 타락
18	다윗이 4대국을 정복	29	히스기야의 성전 청결
19	암몬과 아람을 정복(조문사의 수염)	30	성대한 유월절
20	24가락(블레셋 격파)	31	레위인을 위한 십일조
21	인구조사와 다윗의 범죄	32	앗수르 왕 산헤립
22	성전건축 준비	33	므낫세와 아몬
23	레위인의 자손	34	요시야의 성전수리
24	아론의 24반열	35	유월절과 왕의 전사
25	다윗왕조의 악대(성가대)	36	유다 왕국의 멸망
26	문지기와 유사와 재판장		[에스라]
27	군단조직과 정치분담	1	해방령과 귀환(조서)
28	다윗의 성전에 대한 유훈	2	귀환자의 명부(귀족)
29	다윗의 별세와 솔로몬의 즉위	3	성전재건 착수
	[역대하]	4	성전건축 중지
1	솔로몬의 지혜	5	공사 재개와 적의 상주
2	성전기공	6	왕의 칙령과 준공
3	성전건축	7	에스라의 귀국
4	성전의 부속품	8	아하와 강변의 금식기도
5	하나님의 영광이 충만(법궤봉안)	9	이방 혼인
6	성전 봉헌식(솔로몬의 기도)	10	이혼권면(선민의 성별)
7	기도의 응답		[느헤미야]
8	궁궐 건축	1	느헤미야의 기도
9	스바 여왕	2	예루살렘에 귀국
10	르호보암의 즉위	3	성곽 개축공사
11	르호보암의 사업	4	적의 방해와 무장공사
12	르호보암의 배교와 죽음(시삭의 침입)	5	빈부 충돌(원망)
13	아비야의 강성	6	적의 모해와 실패(필역)
14	아사의 종교개혁과 승리	7	귀환자의 인솔자와 계수
15	선지 아사랴의 예언(태후 폐위)	8	율법책 낭독
16	아사의 타락과 죽음	9	국민적 회개운동(자복)
17	여호사밧의 강대함	10	인친 자
18	미가야의 예언과 아합의 노	11	거주민의 기록(두목의 명부)
19	여호사밧의 선정	12	낙성식
20	왕의 금식기도(드고아 전쟁)	13	성별과 청결(민폐교정)

장	제목	장	제목
	[에스더]	30	과거와 현재의 참상
1	왕후 와스디의 폐위	31	결백 무죄를 자증함(욥의 결론)
2	에스더의 왕후 피택	32	엘리후의 격노
3	하만의 모계	33	욥의 죄(책망)
4	에스더의 동족 구원계획	34	공의의 하나님
5	모르드개의 위기	35	욥의 무지를 책망
6	모르드개의 공훈	36	찬송할 하나님
7	하만의 처형	37	하나님의 기묘
8	모르드개의 영광	38	대자연에 대한 계시
9	부림절	39	금수에 대한 하나님의 계시
10	모르드개의 존귀	40	욥의 대답
	[욥기]	41	악어에 대한 교훈
1	욥의 경건과 환란	42	욥의 회복과 축복
2	세 친구		[시편]
3	낙심 중에서의 호소(자탄)	1	선인과 악인의 회복
4	엘리바스의 권면	2	승리의 시
5	악인의 보응	3	고난중에 주를 의지
6	욥의 대답	4	저녁의 시(기도)
7	욥의 인생관	5	아침의 시(찬송)
8	공의의 심판	6	회개한 자의 슬픈 노래
9	욥의 항의	7	핍박중에 슬픈 노래
10	욥의 원망	8	하나님의 긍휼을 찬송
11	오묘막측	9	원수를 이기는 노래
12	지혜와 권능	10	원수 이기기를 주께 구함
13	욥의 변명	11	믿음으로 원수를 이김
14	절망에서 희망을 구함	12	허위의 세상에서 평안을 구함
15	엘리바스의 책망	13	원수의 손에서 구원하기를 구함
16	욥의 반박	14	무신론과 인류의 타락
17	욥의 탄식	15	성산에 거할 자(성도의 품행)
18	빌닷의 경고	16	복의 근원 하나님
19	욥의 소망	17	원수에게서 벗어나기를 구함
20	소발의 능변	18	고난에서 구출하신 하나님
21	헛된 위로	19	하나님의 영광을 나타냄
22	욥의 죄 지적	20	환난중에서 보호하심을 구함
23	주의 판결	21	승리에 대한 감사
24	악인의 행동	22	십자가의 슬픈 노래
25	불결한 인생	23	목자 되신 하나님
26	하나님의 능력	24	영광의 왕과 봉사자
27	악인의 멸망	25	환난 중에서 구하시기를 간구
28	지혜의 근본	26	선인과 악인의 분별
29	욥의 회고	27	주의 전을 사모함

장	제목	장	제목
28	기도응답의 감사	69	메시아의 고난당함을 노래
29	여호와의 음성을 찬송함	70	주가 속히 도와주기를 구함
30	병 나음을 감사함	71	확신의 감격(연로한 자의 기도)
31	환난중에서 신뢰	72	메시야의 나라를 위하여 기도
32	회개의 시	73	선인과 악인의 결국
33	찬양과 감사와 기원	74	시온성의 망함을 탄식함
34	하나님을 공경하는 자의 복	75	하나님의 공의를 찬송한
35	원수의 쇠퇴함을 말함	76	원수의 군사가 망함
36	하나님의 온전한 덕을 찬송	77	고난 중에 슬픈 노래
37	악인의 패망과 의인의 영존	78	하나님의 기사와 이스라엘의 패역
38	죄를 회개하는 노래	79	성지를 잃은 슬픈 노래
39	침묵과 인생의 무상	80	회복에 대한 기원(부흥기도)
40	주의 희생과 속죄	81	순종자에 대한 축복
41	빈궁한 자를 구제하는 노래	82	부정재판에 대한 심판
42	하나님을 사랑하는 노래	83	열국을 두려워 기도함
43	주의 영광을 사모하는 노래	84	주의 전에 살기를 사모함
44	원수의 해를 면하게 하는 기도	85	자유와 해방
45	왕의 결혼에 대한 시	86	하나님의 보호하심을 구함
46	피난처 되신 하나님	87	시온의 영광을 노래
47	온 땅의 왕 하나님을 찬송	88	근심하는 자의 슬픈 노래
48	시온 산의 영광	89	주의 인자하심을 찬송함
49	세상 재물의 헛됨을 탄식	90	인생의 무상함을 탄식한
50	백성들의 참된 제사	91	환난 중에 보호하심
51	회개 후에 은혜를 구함	92	안식일의 노래
52	악인의 멸망을 말함	93	하나님의 능력과 권세
53	주 모르는 것을 탄식함	94	공평하신 주의 심판
54	환난 중에서 확신	95	여호와의 구원하심을 찬송하라
55	고난 중에서 하나님을 신뢰함	96	만민들아 주를 찬송하라
56	수고하는 자의 기도함	97	하나님의 위엄을 찬송함
57	주는 안전한 피난처	98	하나님의 구원을 찬양함
58	불의한 자의 악한 보응	99	하나님의 거룩하심을 찬송
59	환난 중의 승리	100	기쁨으로 여호와를 찬송하라
60	모든 원수를 이긴 찬송	101	나를 다스리는 비결
61	하나님은 피난처가 되심	102	바벨론에 있어 선민의 탄식
62	주를 믿는 견고한 마음	103	여호와를 송축함
63	하나님을 간절히 사모함	104	창조의 하나님을 찬양함
64	원수에게서 벗어나기를 구함	105	하나님의 섭리를 찬송함
65	추수를 찬송	106	이스라엘의 거역함을 진술함
66	시련에서 구원함	107	해방과 구원의 감사
67	신앙의 부흥과 기도(구약 주기도)	108	여호와의 인자하심을 찬송함
68	시온의 영광을 찬송	109	가룟유다의 시

장	제목	장	제목
110	그리스도에 대한 예언시		[잠언]
111	하나님의 행사의 위대함을 찬송함	1	지혜의 근본
112	성도들의 옳은 행실	2	완전한 지혜
113	여호와의 성은을 찬양	3	지혜의 가치
114	출애굽을 회상함	4	의인의 길
115	참 신과 거짓 신을 분별함	5	창기의 입술
116	주의 구원하신 은혜를 찬송함	6	개미의 비유
117	만국 만인의 찬양	7	창녀의 길
118	우리를 도우시는 하나님	8	지혜의 영광
119	하나님의 율법을 찬송함	9	지혜의 사업
120	원수들 손에서 구원 얻기를 원함	10	지혜 있는 자
121	여호와의 보호하심을 찬송함	11	예모 없는 여인
122	예루살렘을 위하여 복을 구함	12	의인과 악인
123	여호와의 긍휼을 구함	13	의인과 악인
124	하나님이 적에서 구원함	14	지혜와 미련
125	여호와 이스라엘을 항상 호위하심	15	유순한 대답
126	돌아온 포로의 기도	16	교만
127	성공과 축복의 근원	17	백발의 면류관
128	하나님을 경외하는 자의 축복	18	미련한 자의 입술
129	시온의 대적 물리치시기를 구함	19	가난한 자의 입술
130	깊은 환난에서 부르짖음	20	두 가지의 저울추
131	아이 같은 신뢰심	21	왕의 마음
132	법궤를 시온에 모신 찬송	22	깊은 함정
133	형제의 사랑에 대한 찬미	23	음식과 육욕의 절제
134	밤에 봉사하는 하나님의 종들	24	집 짓는 자의 비유
135	여호와 선하심을 찬송함	25	성결과 귀한 그릇
136	여호와께 감사하라	26	미련한 자와 게으른 자
137	바벨론에 포로 된 자의 애가	27	다투기를 좋아하는 여인
138	거룩한 나라를 예언한 노래	28	악인의 결말
139	여호와의 전능을 찬미함	29	의인과 악인의 시대
140	적의 음모와 하나님의 구원	30	아굴의 잠언
141	의인에게 책망을 받고자 함	31	르므엘의 잠언
142	굴에서 부르짖음(다윗)		[전도서]
143	원수에게서 구원하시기를 구함	1	헛된 세상
144	거룩한 백성의 복	2	희락을 시험
145	여호와의 크신 덕을 찬송	3	시간을 시험
146	곤고한 자를 권고하심을 찬송함	4	철학을 시험
147	하나님의 전지 전능하심	5	의문을 시험
148	천지와 만물이 주를 찬송	6	부귀를 시험
149	이스라엘을 특별히 사랑함	7	명예를 시험
150	만민이 다 주를 찬송함	8	시기와 심판

장	제목	장	제목
9	본분	28	사망과 음부(심판)
10	복종과 온유	29	아리엘
11	여호와를 기억	30	패역한 자식
12	여호와를 경외	31	애굽의 무능
	[아가]	32	공평한 정사
1	사랑의 간구	33	앗수르군의 패멸(학대)
2	사랑의 응답	34	하나님을 배반하는 나라의 심판
3	사랑의 영구성	35	복음시대의 축복(위로)
4	사랑의 고백	36	랍사게의 항복 권고(산헤립)
5	사랑의 탐색	37	히스기야의 기도
6	사랑의 사모	38	히스기야의 노래
7	사랑의 승리	39	므로닥발라단(바벨론 왕)
8	사랑의 열매	40	복음전파(해방)
	[이사야]	41	선인에 대한 약속(허락)
1	주홍 같은 죄	42	메시아에 대한 예언(상한 갈대)
2	평화의 날	43	선민의 구출(권고)
3	약한 집권자의 심판(변혁)	44	처음과 나중
4	7 여인	45	정의의 사자 고레스(권능)
5	들포도 비유	46	벨과 느보
6	불세례와 새 사명(보화)	47	바벨론의 멸망
7	임마누엘(풍성)	48	하나님의 정치와 시련(맹세)
8	마헬살랄하스바스	49	이방의 빛 되신 메시아(회복)
9	평강의 왕(메시아)	50	수고를 한탄
10	여호와의 날	51	회고와 구원(안위)
11	이새의 줄기	52	구원과 해방의 선언
12	구원의 감사	53	십자가의 구원(메시아)
13	바벨론 경고	54	회복된 선민의 축복(은혜)
14	음부에 떨어진 계명성	55	하나님의 초대와 신령한 은혜
15	모압 경고	56	이방인의 구원
16	모압의 교만	57	우상과 권력 주의(피곤)
17	다메섹 경고	58	형식과 진심의 봉사(안식일)
18	구스에 대한 예언	59	유일신 하나님의 구원(허락)
19	애굽에 대한 경고	60	영광(빛)
20	앗수르 왕 사르곤의 내침	61	메시아의 사명(성신)
21	해변광야 경고	62	회복(새 이름)
22	이상 골짜기 경고	63	여호와의 사랑
23	두로에 대한 경고	64	환난 중의 기도
24	공허한 세계(최후심판)	65	기도응답(평화)
25	하나님의 보호와 축복(피난처)	66	새 예루살렘의 광경
26	영원한 반석		[예레미야]
27	유다와 이방(포도원지기)	1	어린아이 선지(사명받음)

장	제목
2	배은망덕의 죄
3	음녀에 대한 긍휼
4	형벌예고
5	예루살렘 패역
6	시온 멸절
7	살육의 골짜기
8	참 지혜와 거짓 지혜
9	유다의 배신과 하나님의 심판
10	참 신과 거짓 신의 차이
11	언약의 말씀
12	황무지의 슬픔
13	패역에 따르는 고난(베띠)
14	거짓 선지
15	4가지 벌
16	임박한 형벌과 장래의 회복
17	안식일 성수
18	토기장이의 비유
19	파기의 상징인 멸망
20	바스훌
21	예레미야의 회답
22	유다 왕의 멸절 예언
23	거짓 목자와 거짓 선지자
24	무화과 두 광주리
25	70년간 노예
26	우리야의 예언
27	바벨론 왕의 멍에
28	예레미야 대 하나냐
29	예레미야의 편지
30	귀환 허락
31	회복의 은혜와 축복
32	토지 매매 비유
33	회복과 메시아의 출현
34	시드기야에 대한 예언
35	레갑 자손
36	두루마리 책
37	예레미야의 투옥
38	예레미야의 구출
39	시드기야 포로
40	그다랴 총독
41	이스마엘의 반란
42	남은 자의 소원
43	교만과 불순종(바데네스)
44	예레미야의 최후 예언
45	바룩에 대한 유훈
46	애굽 멸망
47	블레셋에 대한 예언
48	모압에 대한 예언
49	5국에 대한 앙화
50	바벨론 멸망을 예언
51	바벨론에 대한 하나님의 보복
52	유대 멸망
	[예레미야 애가]
1	예루살렘 황폐를 통곡
2	시온의 여자를 위한 통곡
3	고난 당한 사람을 위한 통곡
4	귀환 자손들을 위한 통곡
5	고아들을 위한 통곡
	[에스겔]
1	네 영물(영광)
2	두루마리 책의 이상(임명)
3	에스겔이 사명 받음(파견)
4	수난에 관한 표징(390일)
5	면도
6	가증한 행악
7	가증함에 보응
8	투기의 우상
9	심판 중에 구원을 받을 자(복명)
10	심판과 그룹의 이상
11	성민의 보호와 회복
12	장래의 심판을 예고(이사)
13	거짓 선지자의 죄와 형벌
14	하나님의 4대 엄벌
15	무익한 포도나무
16	음부에 대한 하나님의 사랑
17	두 독수리와 포도나무
18	죄는 개인적 책임
19	사자와 포도나무
20	죄인의 기도는 거절
21	하나님의 정의의 검
22	예루살렘의 죄악 상태
23	두 음녀(영적 간음)
24	예루살렘의 최후(빈 가마)

장	제목
25	이방 4대국 형벌
26	두로 멸망 예언
27	두로의 애가
28	두로 왕과 악한 천사
29	애굽에 대한 심판
30	애굽의 멸망과 황폐
31	애굽의 교만
32	애굽의 멸망
33	파수꾼의 책임자 에스겔
34	참 목자와 거짓 목자
35	에돔에 대한 심판
36	새 생활(신약)
37	해골 골짜기의 부흥
38	곡과 마곡의 전쟁 준비
39	곡과 마곡의 심판
40	측량하는 장대
41	성선측량
42	성전의 총 면적
43	성전에 충만한 영광
44	성전 봉사의 규정(제사)
45	거룩한 구역(기업)
46	왕의 제자와 기업(경배)
47	성령의 생명강
48	12분깃
	[다니엘]
1	포로(절제)
2	큰 우상과 꿈 해몽
3	풀무불
4	큰 나무 꿈과 조서
5	손가락(벽서)
6	다니엘과 사자굴
7	네 짐승
8	두 뿔 가진 수양
9	70주간의 예언(다니엘의 기도)
10	선전포고(기도)
11	성인의 박해자(적 그리스도)
12	마지막 때
	[호세아]
1	음란한 아내
2	소망의 문
3	배신자에 대한 사랑
4	죄목 논고(행음)
5	집권자의 죄악
6	번제보다 순종을
7	이스라엘의 죄악(저주)
8	반역의 죄와 하나님의 심판
9	하나님의 영광이 떠난 민중
10	하나님을 찾을 때
11	배반
12	에브라임의 죄악
13	배은망덕의 죄(책망)
14	회복과 번영의 약속(허락)
	[요엘]
1	네 가지 해충(황충)
2	여호와의 날(나팔)
3	여호사밧 골짜기(국문)
	[아모스]
1	5개국의 심판
2	모압과 유다의 죄
3	이스라엘의 형벌
4	불순종과 그 결과(책망)
5	회개로 하나님을 구할 것
6	지도자의 허위와 형벌(사치)
7	다림줄의 환상
8	종말과 말씀의 기근
9	무소부재
	[오바댜]
1	하나님의 심판(에돔 멸망)
	[요나]
1	요나의 사명 회피(풍랑)
2	요나의 기도(고기 뱃속)
3	니느웨의 회개와 구원
4	하나님의 설유(박넝쿨)
	[미가]
1	심판자의 위엄(경고)
2	심판과 장래 회복(진노)
3	거짓 선지와 참 선지(협박)
4	성민과 그리스도의 왕국(언약)
5	영원한 평화의 왕(광고)
6	형식적 종교의 무익(교훈)
7	암흑 중에 하나님의 광명(소망)

장	제목	장	제목
	[나훔]	3	사탄의 고소와 하나님의 변호
1	하나님의 위엄과 심판(재판)	4	등대와 감람나무의 이상
2	니느웨 멸망의 예언(선고)	5	날아가는 두루마리
3	니느웨의 최후 심판(집행)	6	메시아의 왕관(네 병거)
	[하박국]	7	거짓 봉사자
1	범죄와 심판(범죄)	8	예루살렘 회복과 축복
2	갈대아 멸망의 예고(묵시)	9	평화의 왕 군림
3	하박국의 승리의 기도(기도)	10	성령의 경주와 승리
	[스바냐]	11	쓰러진 백향목(두 막대기)
1	여호와의 날	12	선민의 승리와 회개(애통)
2	분노의 날	13	죄 씻는 샘
3	여호와의 의	14	두 갈래의 생수
	[학개]		[말라기]
1	성전 재건에 대한 격려(책망)	1	도적 맞은 제단(병든 희생)
2	성전 완성(영광)	2	잡혼과 이혼 죄
	[스가랴]	3	십일조 권면
1	붉은 말	4	죄인의 심판과 의인의 축복
2	측량줄 가진 사람		

(2) 신약편

장	제목	장	제목
	[마태복음]	17	산상변화
1	예수님의 족보	18	어린아이(범죄와 용서)
2	탄생과 동방박사 경배	19	젊은 부자(이혼과 영생)
3	세례 받으심	20	포도원의 삯꾼
4	시험을 받으심	21	예루살렘 입성과 청결
5	산상설교(8복)	22	혼인잔치의 비유
6	산상설교(주기도)	23	일곱 가지 화
7	산상설교(좁은 문)	24	말세와 예수님의 예언
8	백부장의 종을 고치심	25	열 처녀 비유
9	마태를 부르심	26	최후의 만찬(겟세마네)
10	12제자 택하심	27	십자가에 달리심
11	세례요한의 질문	28	예수님의 부활
12	밀이삭(안식일)		[마가복음]
13	여덟 가지의 비유	1	세례요한
14	5천 명 먹이심(요한 순교)	2	마태를 부르심
15	4천 명 먹이심	3	12제자 택하심
16	베드로의 신앙고백	4	하나님 나라 비유(풍랑)

장	제목
5	병 고침과 악귀 추방
6	5천 명 먹이심
7	손 씻는 문제와 기적(수로보니게)
8	4천 명 먹이심
9	산상변화
10	젊은 부자의 고민
11	예루살렘 입성(호산나)
12	악한 농부(큰 계명)
13	말세와 재림
14	유월절(성만찬과 감람산, 잡히심)
15	십자가에 달리심(재판)
16	부활과 승천
	[누가복음]
1	세례요한과 예수님 탄생 예고
2	예수님의 탄생
3	예수님의 족보
4	시험을 이기심
5	3제자 부르심과 기적(중풍병)
6	12제자 택하심(설교)
7	백부장의 종을 고치심
8	거라사의 악귀(씨 뿌림 비유)
9	5천 명(제자 파송)
10	70인의 파송
11	기도와 교훈
12	미련한 부자
13	3가지의 비유(회개의 경고)
14	안식문제(큰 잔치 비유)
15	돌아온 탕자
16	부자와 나사로
17	열 문둥이
18	불의한 재판관(합당한 기도)
19	삭개오의 회개
20	악한 농부와 질문과 답
21	말세와 예수의 재림
22	최후의 만찬과 잡히심
23	십자가에 달리심
24	부활과 승천
	[요한복음]
1	말씀(독생자의 탄생)
2	포도주의 이적(가나)
3	중생과 하나님의 사랑

장	제목
4	예수님과 사마리아 여인(생수)
5	베데스다 못의 기적
6	생명의 떡(5천 명)
7	장막절의 교훈(생명수)
8	빛과 자유(간음여인)
9	실로암 못(소경)
10	선한 목자이신 예수
11	나사로의 부활
12	호산나(영광)
13	만찬과 발 씻기심
14	제자들을 위로하심
15	포도나무의 비유
16	보혜사 성령
17	최후의 기도
18	잡히심과 심문 당하심
19	십자가에 달리심
20	부활과 나타나심
21	예수님과 베드로의 문답
	[사도행전]
1	승천
2	5순절 성령 강림
3	미문 앞의 앉은뱅이
4	베드로와 요한의 갇힘
5	아나니아와 삽비라
6	일곱 집사를 세움
7	스데반의 설교와 순교
8	사마리아와 유대 전도(내시)
9	사울의 회개
10	고넬료에게 나타난 성령
11	복음이 이방인에게(베드로의 변명)
12	야고보의 순교와 베드로의 갇힘
13	바울의 1차 전도여행
14	쓰스와 허메
15	예루살렘의 공의회(바울 2차 전도여행)
16	바울이 디모데를 만남
17	베뢰아와 아덴에 전도
18	바울이 2차 전도에서 돌아옴
19	바울이 에베소에서 기적 행함
20	바울의 3차 전도여행
21	환난 당하는 바울
22	바울의 설교와 민중의 반박

장	제목	장	제목
23	가이사랴로 호송된 바울		[고린도후서]
24	벨릭스 앞에 선 바울	1	바울의 위로
25	베스도가 바울을 심문	2	바울의 근심
26	아그립바 왕 앞에 선 바울	3	구약의 의문과 성령 비교
27	로마로 호송(파선)	4	전도자의 영광과 고난(질그릇)
28	로마에 도착한 바울	5	영화의 소망과 사명(장막)
	[로마서]	6	불의를 떠나 성별할 것(은혜)
1	이방인의 죄악과 심판	7	근심과 회개
2	유대인의 죄악과 심판	8	연보와 구제
3	믿음으로만 의롭다 함(세상죄)	9	연보와 은혜
4	아브라함의 신앙	10	거짓 사도
5	믿음으로 의롭게 됨(성결)	11	고난
6	새로 난 자의 신분(그리스도와 연합)	12	바울의 신비적 체험(삼천층)
7	율법과 죄와의 관계(두 성품)	13	권능과 증인
8	그리스도의 사랑		[갈라디아서]
9	예정과 선택	1	복음에 대한 사도의 변명(배도)
10	전도와 구원(선교)	2	의롭다 하심(위선)
11	은혜와 위엄	3	율법과 신앙의 관련성(믿음)
12	헌신과 사랑(산 제사)	4	신앙의 자유와 율법의 노예(율법)
13	신자와 국민의 의무	5	육과 영의 관계(성령의 열매)
14	형제의 의무	6	새 사람(심은 대로 거둠)
15	덕행		[에베소서]
16	마지막 권면(문안)	1	선택과 예정(기업)
	[고린도전서]	2	유대와 이방의 일체(연합)
1	당파에 대한 권고(십자가의 도)	3	하나님의 비밀(기도)
2	하나님의 지혜와 인간의 지혜	4	교회 일치와 새 사람(하나)
3	전도자의 임무	5	교회와 그리스도와의 관계
4	충성에 대한 권면	6	윤리와 성도의 무장
5	교회 신성(치리)		[빌립보서]
6	고린도 교회의 부패(송사)	1	바울의 감사와 기원(유익)
7	남녀간의 관계(혼인)	2	겸손과 구원의 완성(화합)
8	우상의 제물에 관하여	3	바울의 신앙간증(경주)
9	자유에 대하여	4	확실한 소망(소망)
10	말세의 경계		[골로새서]
11	성찬문제	1	기독관(풍성)
12	하나님의 은사와 일치론	2	적은 학문의 피해(예법)
13	사랑	3	새로 난 자와 새 생활(새사람)
14	예배 규범	4	교제
15	부활에 대하여		[데살로니가전서]
16	대장부와 연보	1	모범적 교회
		2	모범적 직분(상급)

장	제목
3	모범적 신앙(흠 없는 거룩함)
4	모범적 교인(권면)
5	재림(권면)
	[데살로니가후서]
1	환난과 위로
2	적 그리스도
3	권면
	[디모데전서]
1	교리상의 문제와 주의(참도)
2	기도에 대하여
3	교회의 직분 선임
4	목회를 위한 권면
5	신자의 생활(과부)
6	만악의 근원(재물)
	[디모데후서]
1	디모데의 신앙
2	복음과 진리
3	성도의 각성과 성경의 사명
4	면류관(개선가)
	[디도서]
1	인사와 교회제도(가정과 교회)
2	신자의 교훈방법(가정과 사회)
3	기독자의 사회적 의무(가정과 국가)
	[빌레몬서]
1	사랑과 용서
	[히브리서]
1	만유의 후사
2	그리스도와 인간과의 영합
3	모세와 예수님
4	안식에 들어갈 자의 자격
5	대제사장 되신 그리스도
6	신앙 향상을 권유(소망)
7	십일조(멜기세덱)
8	언약(집사)
9	지성소(성막)
10	영원한 제사
11	위인들의 믿음
12	신약의 중보(소망)
13	큰 목자
	[야고보서]
1	시련과 말씀을 행하는 자

장	제목
2	외모와 행위와 믿음
3	혀(언사)
4	세속적인 믿음 책망
5	인내(욥)와 기도(엘리야)
	[베드로전서]
1	성도의 신분(구원)
2	기독자의 특권과 의무(반석)
3	서로 복종(거룩)
4	시련과 성도의 각오
5	영광의 면류관(장로)
	[베드로후서]
1	성도의 지식과 생활
2	거짓 선지(교사)
3	주의 재림과 성도의 준비
	[요한 1서]
1	하나님의 빛
2	옛 계명과 새 계명
3	하나님의 자녀
4	하나님은 사랑
5	승리와 성취
	[요한 2서]
1	진리와 계명
	[요한 3서]
1	친애
	[유다서]
1	우리의 보호자
	[요한계시록]
1	계시의 근원과 그리스도의 나타남
2	소아시아의 일곱 교회 모습
3	지상 교회
4	하늘 보좌(천상 교회)
5	일곱 인봉책
6	처음 여섯 인봉 심판
7	인 맞은 자 수
8	심판 선고
9	황충의 재앙(고난)
10	작은 책(종말 선고)
11	두 증인의 활동
12	여자와 용
13	바다 짐승
14	어린 양의 승리와 마지막 경고

장	제목	장	제목
15	마지막 재앙	19	어린양의 혼인잔치
16	일곱 대접(아마겟돈)	20	사탄의 결박과 심판(첫째 부활)
17	바벨론이 심판(큰 음녀)	21	새하늘 새땅의 광경
18	바벨론 멸망	22	낙원의 계시

★성경의 중요한 장

황금율	마 5~7장	성령	롬 8장, 요 16장
비유	마 13장	의무	롬 12장
심판	마 25장	봉사	눅 10장
고백	시 51편	교훈	잠 1장
믿음	히 11장, 요일 1장	부활	고전 15장
기도	단 6장	재림	살전 5장
사랑	고전 13장, 요일 3~4장	지혜	고전 2장
은혜	엡 2장	중생	요 3장
겸손	빌 2장, 요 13장	천국	계 22장
승리	롬 6장	은사	고전 12, 14장

5. 삼위일체와 숫자의 성경적 의미

① 삼위일체에 대한 성경구절

번호	성경	명칭		
		성부	성자	성령
1	창 1:1-3	하나님	말씀	영
2	마 3:16-17	하나님	아들	성령
3	마 11:27	아버지	아들	계시
4	마 28:19	아버지	아들	성령
5	눅 1:26-35	높으신 이	아들	성령
6	요 14:26	아버지	내이름	보혜사
7	고전 12:4-6	하나님	주	성령
8	고전 13:13	하나님	예수 그리스도	성령
9	엡 4:4-6	하나님	주	성령
10	계 22:1	하나님	어린양	성령

② 숫자의 성경적 의미

숫자	의미	성경
1	통일을 의미	창 2:24, 신 6:4, 겔 37:17,19, 요 10:16, 요 17:11, 고전 8:4-6, 고전 12:13
2	차별 중에 조화	창 2:18-24, 레 5:7
3	질적으로 본 거룩 완전	출 25:32, 레 14:10, 왕상 7:25, 고전 13:13, 고후 12:14, 요일 5:7-8
4	전 세계적 창조의 뜻	창 2:10, 왕상 7:25, 마 24:31, 계 4:6, 7:1, 21:13
5	은총	출 29:3, 26-29, 민 3:46-47, 민 7:17
6	인간의 불완전	출 21:2, 23:10-11, 신 15:12, 계 13:18
7	양적으로 본 거룩 완전	창 7:2, 레 4:6, 수 6:4, 왕하 5:10, 시 119:164, 계 1:4-20, 3:1, 4:5, 5:6, 8:2,6, 10:3-4, 15:1, 7-8
8	부활 새로운 질서	창 17:12, 출 26:25, 요 20:26, 벧전 3:20, 벧후 2:5
10	서열적으로 본 완전성	창 18:32, 출 26:1, 왕상 7:24-27, 대하 4:7, 눅 19:13,16-17
11	부족, 미조직	창 32:22, 37:9, 막 16:14, 행 1:26
12	거룩한 조직 또는 그 기초	창 35:22, 49:28, 출 24:4, 28:21, 왕상 4:7, 7:25, 마 10:2, 19:28, 26:53, 요 11:9, 계 12:1, 21:12, 21:21, 22:2
13	모반 혁명 붕괴	창 14:4, 17:25, 왕상 7:1
14	양적인 거룩완전의 강조	창 31:41, 창 46:22, 민 29:13, 왕상 8:65, 마 1:17
15	질적인 거룩완전의 강조	레 23:24, 왕하 20:6, 사 38:5
40	시련 견습 준비	창 7:4, 출 16:35, 24:18, 34:28, 민 14:33-34, 수 5:6, 욘 3:4, 마 4:2, 행 1:3, 7:23,30

6. 선지자의 연대 일람표

	이름	연대	역사구역	유대 왕	이스라엘 왕	성경
포로전 선지자	요나, 엘리야, 엘리사	B.C. 840-800	이방		여로보암 2세	왕하 14:25
	요엘	840-758	유대	웃시야	〃	행 2:16
	아모스	810-758	이스라엘	〃	〃	암 1:1
	호세아	784-725	〃	웃시야, 요담, 아하스, 히스기야	여로보암, 호세아	롬 9:25
	이사야	756-698	유대	웃시야~므낫세		왕하 20:1
	나훔	700-645	유대, 이방	히스기야 왕 말년		나 1:1
	미가	696-646	유대	요담, 아하스, 히스기야	호세아, 가베	렘 26:18
	스바냐	640-609	〃	요시야		습 1:1
	하박국	609-600	〃	여호아하스		합 1:1
포로 시대 선지자	예레미야	628-586	〃	요시아 종노릇 할 때		단 9:2
	다니엘	605-534	〃 〃		이스라엘이 종노릇 할 때	마 24:15
	에스겔	595-572	〃	시드기야 왕 종노릇 할 때		겔 1:3
	오바댜	588-584	〃 〃	느브갓네살 왕에게 멸망할 때		
귀국후 선지자	학개	586-584	〃	바벨론에서 돌아오는 때		
	스가랴	520-517	〃	돌아오는 때		
	말라기	420-397	〃	돌아오는 때		

7. 사사 일람표

(B.C. 1405-1095)

번호	이름	이름의 뜻	지파	사사 기한	백성이 지은 죄	괴롭힌 이방	고난 기간	평안 기간	성경
1	옷니엘	여호와의 사자	유다 갈렙의 동생	40년	바알과 아세라 우상숭배	메소보다미아	8년	40년	삿 3:8-11
2	에훗	연합, 칭찬	베냐민	80	악한 신 숭배	모압	18	80	12-30
3	삼갈	조심스레 보호함		-	악을 행함	블레셋			3:31
4	드보라	벌	에브라임	40	악을 행함	가나안	20	40	4:4-24
5	바락	번갯불	납달리						4:1-5:12
6	기드온	나무 찍는 사람	므낫세	40	악을 행함	미디안	7	40	6:13-33
7	아비멜렉	왕의 아버지	므낫세	3	바알 신 숭배			3	8:31
8	돌라	지롱이	잇사갈	23				23	10:1-2
9	야일	명백함	므낫세	22				22	10:3-5

번호	이름	이름의 뜻	지파	사사 기한	백성이 지은 죄	괴롭힌 이방	고난 기간	평안 기간	성경
10	입다	열리다	므낫세	6	이방 신 숭배	암몬	18	6	11:1-12:7
11	입산	부지런함	유다	7		〃		7	12:8-10
12	엘론	참나무	스불론	10		〃		10	12:11-12
13	압돈	종됨	에브라임	8		〃		8	12:13-15
14	삼손	태양	단	2	악을 행함	블레셋	40	20	14. - 16:
15	엘리 (제사장)	나의 하나님	레위	40		〃	20	40	삼상 1: — 4:15
16	사무엘 (선지자)	하나님이 구원	레위			〃			삼상 3:3-12, 7:15

8. 열왕연대표

(Heney H.Halley 에 의한 연대표이며 원서에 정확한 기록이 없으므로 학자에 따라 차이가 있음)

① 분열 전 열왕

번호	이름	이름의 뜻	지파	연대	선악	선지자
1	사울	희망	베냐민	1053-1013	불순	사무엘
2	다윗	사랑	유다	1013-973	음란	나단
3	솔로몬	평화	유다	973-933	이방 신	

② 분열 후 북쪽 이스라엘 10지파 반 열왕(통치기간: 213년)

번호	이름	이름의 뜻	지파	연대	선악	선지자
1	여로보암	백성이 많다	에브라임	(22)933-911	악	
2	나답	고상	〃	(2)911-910	〃	
3	바아사		잇사갈	(24)910-887	〃	
4	엘라			(2)887-886	〃	
5	시므리	어린양	베냐민	(7일)886	〃	
6	오므리	여호와 숭배자		(12)886-875	극악	
7	아합	부친의 형제		(22)875-854	최악	엘리야
8	아하시야	여호와의 소유		(2)855-854	악	엘리사
9	여호람	여호와 존귀		(12)854-843	다악	
10	예후	그가 여호와	유다	(28)843-816	악	
11	여호아하스	여호와 같이	〃	(17)820-804	〃	요엘
12	요아스	여호와 도우심	〃	(16)806-790	〃	
13	여로보암 2세	백성이 많음	〃	(41)790-749	〃	요나
14	스가랴	여호와 기억	〃	(6월)748	〃	아모스
15	살룸	보응	〃	(1월)748	〃	호세아
16	므나헴	위로자		(10)748-738	〃	이사야

번호	이름	이름의 뜻	지파	연대	선악	선지자
17	브가히야	여호와 눈뜨게 하심		(2)738-736	〃	
18	베가	눈을 뜸		(20)748~730	〃	미가
19	호세아	구원		(9)730~721		

③ 분열 후 남쪽 유다와 베냐민 반 지파 열왕(통치기간: 348년)

번호	이름	이름의뜻	지파	연대	선악	선지자
1	르호보암	백성 번성	유다	(17)933~916	다악	
2	아비얌	호흡	〃	(3)915~913	〃	
3	아사	치료	〃	(41)912~872	선	
4	여호사밧	신의 재판	〃	(25)874~850	〃	엘리야
5	여호람	여호와는 존귀	〃	(8)850~843	악	엘리사
6	아하시야	여호와의 소유	〃	(1)843	〃	
7	아달랴	여호와는 크심	〃	(6)843~837	〃	
8	요아스	여호와 도우심	〃	(40)843~803	다선	요엘
9	아마샤	여호와 기력 있음	〃	(29)803~775	〃	
10	웃시야	하나님의 힘	〃	(52)787~735	〃	요나
11	요담	여호와는 바르심	〃	(16)759~743	악	아모스
12	아하스	소유자	〃	(16)741~726	〃	
13	히스기야	하나님의 힘	〃	(29)726~697	최선	이사야
14	므낫세	잊어버림	〃	(55)697~642	최악	미가
15	아몬	확장	〃	(2)641~640	〃	
16	요시야	여호와 낫게 한 자	〃	(31)639~608	최선	스바냐
17	여호아하스	여호와가 치심	〃	(3월)608	악	나훔
18	여호야김	여호와가 드심	〃	(11)608~597	〃	예레미야, 에스겔, 하박국
19	여호와긴	여호와 세우심	〃	(3월)597	〃	
20	시드기야	여호와는 정의이심	〃	(11)597~586	〃	오바댜

※악한 왕 중에도 일부 선한 왕이 있었고, 선한 왕 중에도 일부 악한 왕이 있었다.

9. 예수 그리스도에 대한 예언과 성취

내용	예언	성취
여인의 후손으로 오실 것	창 3:15	갈 4:4
처녀에게서 나실 것	사 7:14	마 1:24, 25 눅 1:26,35, 2:7
하나님의 아들	대상 17:11-14 삼하 7:12-16 시 2:7	마 3:17,16:16 눅 9:35,22:70, 1:32,35 행 13:33, 1:34,49
아브라함의 후손	창 22:18(씨가 단수임)	갈 3:16, 마 1:1
이삭의 후손	창 21:12	눅 3:34, 히 11:17-19, 마 1:2
야곱의 후손	민 24:17, 창 35:10-12	눅 3:23,24, 눅 1:33
유다의 족속	창 49:10, 미 5:2	눅 3:33, 마 1:2, 히 7:14
이새의 줄기	사 11:1,10	눅 3:32, 마 1:6
다윗의 소생	삼하 7:12-16, 시 132:10,11	눅 3:31
베들레헴에서 나실 것	미 5:2	마 2:1, 요 7:42, 눅 2:4-7
동방박사에 대하여	사 60:6, 시 72:10	마 2:1,11
헤롯 왕이 아이들을 죽일 것	렘 31:15	마 2:16-18
예수님의 선재성에 대하여	미 5:2, 사 9:6,7, 41:4, 44:6, 48:12, 시 102:25	골 1:17, 요 1:1,2, 8:58, 17:5
주라고 불리울 것	시 110:1	눅 2:11, 20:41-44
임마누엘이라 하리라	사 7:14	마 1:23
한 위대한 선지자라고 불리울 것	신 18:18	마 21:11
제사장	시 110:4	히 13:1, 5:5,6
심판자	사 33:22	요 5:30, 딤후 4:1
왕	렘 23:5, 시 2:6, 슥 9:9	마 21:5, 27:37, 요 18:33-37
성령의 특별한 기름 부음 받음	사 11:2, 시 45:7	마 3:16, 17, 12:17-21, 막 1:10, 눅 3:22
하님을 향한 열심이 강함	시 69:9	요 2:15-17
주의 길을 예비하는 세례요한	사 40:3	마 3:1, 2
갈릴리에서 공생애를 시작함	사 9:1	마 4:12, 13, 17
기적으로 역사하실 것	사 35:5,6, 32:3,4	마 9:35
비유를 가르치실 것	시 78:2	마 13:34
성전에 들어가실 것	말 3:1	마 21:12
나귀 타고 입성하실 것	슥 9:9	눅 19:35, 37 마 21:6-11
버린 돌과 머릿돌	시 118:22	벧전 2:8, 마 21:42, 롬 9:32, 33, 행 4:11
이방인에게 빛이 되심	사 42:6, 45:22, 49:6	행 13:47,48
부활	시 16:10, 118:17	막 16:6, 눅 24:46, 행 2:31
승천	시 68:18	행 1:9
하나님 우편에 계심	시 110:1	막 16:19, 행 2:34, 35

내용	예언	성취
유다의 배반	시 41:9	마 10:4, 26:49,50, 요 13:21
은 30에 팔 것	슥 11:12	마 26:15, 27:3
은 30을 유다가 성전에 던질 것	슥 11:13	마 27:5
토기장이 밭을 30으로 살 것	슥 13:7	막 14:50,27, 마 26:31
거짓 증인들에 의해서 고소됨	시 35:11	마 26:59-61
송사하는 자들 앞에서 침묵	사 53:7	마 27:12-19
상함을 받음	사 53:5, 슥 13:6	마 27:26
매 맞고 침 뱉음을 당함	사 50:6, 미 5:1	마 26:67, 눅 22:63
조롱 받음	사 53:7	마 27:31
수족이 찔리심	시 22:16, 슥 12:10	눅 23:33, 요 20:25
강도와 함께 못 박히심	사 53:12	마 27:38, 막 15:27, 28
죄인을 위해 대신 기도함	사 53:9	눅 23:34
친구들이 멀리서 쳐다봄	시 38:11	눅 23:49, 마 27:55, 56
사람들이 보고 고개를 흔듬	시 109:25, 22:7	마 27:39
사람들이 쳐다봄	시 22:17	눅 23:35
옷을 제비 뽑음	시 22:18	요 19:23, 24
십자가 상에서 목마르심	시 69:21	요 19:28
쓸개탄 포도주를 줌	시 69:21	마 27:34, 요 19:29
십자가 상에서 절규하심	시 22:1	마 27:46
영혼을 하나님께 부탁하심	시 31:5	눅 23:46
뼈가 부서지지 않음	시 34:20	요 19:33
그의 심장이 찔리울 것	시 22:14	요 19:34
옆구리를 찔리실 것	슥 12:10	요 19:34
해가 어두워질 것	암 8:9	마 27:45
부자의 무덤에 장사될 것	사 53:9	마 27:57-60
성탄 시기	단 9:25, 창 48:10	눅 2장

10. 성경의 이적 일람표

(1) 구약편

번호	이적	장소	행한 자	성경
1	소돔과 고모라 멸망	사해 동편	여호와	창 19:24
2	롯의 아내가 소금 기둥이 됨	〃	〃	창 19:26
3	타지 않는 가시나무	호렙 산	〃	출 3:2
4	지팡이가 뱀이 됨	〃	〃	출 4:2-4
5	지팡이가 뱀이 됨	애굽	아론	창 7:10
6	물이 변하여 피가 됨	〃	〃	출 7:20
7	개구리 재앙	〃	〃	출 8:6
8	티끌이 이가 됨	〃	〃	출 8:17
9	파리 재앙	〃	여호와	출 8:24
10	육축이 온역을 당함	〃	〃	출 9:6
11	티끌이 독종이 됨	〃	모세	출 9:10
12	우박과 불재앙	〃	〃	출 9:23
13	메뚜기 재앙	〃	〃	출 10:15
14	흑암의 재앙	〃	〃	출 10:22
15	맏아들이 죽음	〃	여호와	출 12:29
16	홍해가 갈라짐	홍해	모세	출 14:21
17	쓴 우물이 나무를 넣어 달게 됨	마라 광야	〃	출 15:25
18	하늘에서 만나가 내림	신광야	여호와	출 16:13-14
19	지팡이로 반석을 쳐 물을 냄	르비딤	모세	출 17:6
20	아비후와 나답이 불타 죽음	시내 산	여호와	레 10:2
21	백성 원망으로 영문에 불이 붙음	다베라	〃	민 11:1
22	땅이 갈라져 죄인을 죽임	신광야	〃	민 16:30-35
23	아론의 지팡이에 싹이 남	가데스	〃	민 17:8
24	지팡이로 두 번 쳐서 물을 냄	므리바	모세	민 20:11
25	구리뱀을 보고 치료 받음	호르 산	〃	민 21:9
26	나귀가 사람의 말을 함	브올	여호와	민 22:28-30
27	요단 강이 갈라짐	요단 강	궤를 멘 제사장	수 3:16-17
28	여리고 성이 무너짐	여리고	〃	수 6:10
29	기도로 태양이 멈춤	기브온	여호수아	수 10:13
30	반석에서 불이 나와 제물이 불탐	오브라	천사	삿 6:19-21
31	삼손이 기도하매 샘물이 남	엔학고레	하나님	삿 15:18-19
32	다곤이 언약궤 앞에 경배	아스돗	법궤	삼상 5:3-4
33	언약궤를 엿보다 재난	벧세메스	여호와	삼상 6:19
34	우뢰가 블레셋 사람을 물리침	에벤에셀	〃	삼상 7:10
35	우뢰와 비를 내려 왕을 구함이 잘못임을 알게 함	길갈	사무엘	삼상 12:17-18
36	죽은 사무엘이 올라옴	엔돌	신 접한 여인	삼상 28:13-19
37	웃사가 언약궤를 만짐으로 죽음	베레스 웃사	여호와	삼하 6:6-7
38	여로보암 왕의 손이 마름	벧엘	하나님의 사람	왕상 13:4
39	하나님의 종이 기도하매 왕의 손이 회복됨	벧엘	〃	왕상 13:6

번호	이적	장소	행한 자	성경
40	까마귀가 먹이를 엘리야에게 줌	그릿 시내	여호와	왕상 17:4-6
41	가루와 식량이 계속 넉넉함	사르밧	엘리야	왕상 17:8-16
42	과부의 아들을 다시 살림	사르밧	엘리야	왕상 17:19-22
43	하나님이 불을 내림	갈멜산	엘리야	왕상 18:37-38
44	하늘에서 불이 내려 군사 50명씩 두 번 죽임	사마리아	엘리야	왕하 1:10-12
45	옷으로 요단강을 치니 갈라짐	요단 강	엘리야	왕하 2:8
46	옷으로 요단강을 치니 갈라짐	요단 강	엘리사	왕하 2:14
47	엘리야의 승천	요단 강 동편	엘리야	왕하 2:11
48	소금을 물에 던져 물 맛을 고침	여리고	엘리사	왕하 2:21-22
49	곰이 나와 아이를 죽임	벧엘	엘리 사사	왕하 2:23-24
50	물이 갑자기 창일함	모압	엘리사	왕하 3:17-20
51	과부의 기름병	수넴	엘리사	왕하 4:1-7
52	죽은 아이가 소생	수넴	엘리사	왕하 4:32-35
53	솥 가운데 가루를 넣어 해독 시킴	길갈	엘리사	왕하 4:38-41
54	보리떡 20개로 100명이 먹고 남음	길갈	엘리사	왕하 42:42-44
55	나아만의 문둥병 고침	사마리아	엘리사	왕하 5:1-14
56	게하시가 문둥병이 들다	사마리아	엘리사	왕하 5:20-27
57	물속의 도끼를 건짐	요단 강	엘리사	왕하 6:1-7
58	아람의 군병들이 눈 멀다	도단	엘리사	왕하 6:18
59	적병 아람 사람의 눈을 뜨다	사마리아	엘리사	왕하 6:20
60	엘리사의 해골에 죽은 자를 던지니 살아남			왕하 13:20-21
61	밤 사이 적병 18만 5천이 죽음	립나	엘리사	왕하 19:35
62	해를 뒤로 물러나게 함	예루살렘	이사야	왕하 20:11
63	웃시야 왕의 이마에 문둥병	예루살렘	여호와	대하 26:16-21
64	불 가운데서 보호받음	바벨론	여호와	단 3:19-30
65	다니엘이 사자 굴에서 보호받음	바벨론	천사	단 6:16-24
66	요나가 고기의 뱃속에 들어감	지중해	여호와	욘 1:17-2:1

(2) 신약편

① 예수의 이적

번호	이적	장소	년·월·일	마태	마가	누가	요한
1	물로 포도주를 만드심	가나	27.3				2:9
2	왕의 신하의 아들을 고치심	〃	27.3.2				4:53
3	38년 된 병인을 고치심	예루살렘	28.3.29				5:8
4	물고리를 잡으니 두 배에 가득함	갈릴리 바다	28.5			5:7	
5	사귀 들린 자를 고치심	가버나움 회당	〃	8:16	1:25	4:35	
6	베드로의 장모 열병 치료	가버나움	〃	8:15	1:31	4:38	
7	사귀들린자, 간질병, 중풍병자 치료	〃	〃	4:24	1:39	4:44	
8	문둥병자를 고치심	갈릴리	28.6	8:3	1:42	5:13	
9	반신불수병을 고치심	가버나움	〃	9:2	2:5	5:24	
10	한 편 손 마른 자를 고치심	갈릴리	〃	12:13	3:5	6:10	
11	백부장의 종 반신불수를 치료	가버나움	〃	8:13		7:2	
12	과부의 아들을 살리심	나인 성	28.7.8			7:15	
13	소경, 벙어리, 사귀 든 자 치료	가버나움	28.10	12:22	3:22	11:4	
14	바다의 풍랑을 잔잔케 하심	갈릴리 바다	28.11	8:26	4:39	8:24	
15	두 사람에게 사귀를 쫓음	가다라	〃	8:32	5:13	8:33	
16	12년 동안 혈루증으로 앓는 여인을 고치심	가버나움	28.12	9:22	5:29	8:47	
17	야이로의 딸을 살리심	〃	〃	9:25	5:41	8:54	
18	두 소경을 고치심	〃	〃	9:28			
19	사귀를 쫓으며 벙어리가 말함	〃	〃	9:33			
20	5병 2어로 5천 명을 먹이심	벳새다	29.3.4	14:19	6:41	9:16	6:10
21	바다 위를 육지같이 걸으심	갈릴리 바다	29.4	14:25	6:48		6:19
22	모든 병자가 주의 옷을 닿고 치료	게넷사렛	〃	14:36	6:54		
23	헬라 여인의 딸 사귀를 쫓으심	두로	29.6	15:28	7:26		
24	앉은뱅이, 소경, 벙어리를 고치심	데가볼리	29.7	15:30	7:35		
25	7병 2어로 4천 명 먹이심	〃	〃	15:38	8:9		
26	소경 눈에 침 뱉고 손대어 나음	벳새다	29.8		8:23		
27	간질병 든 아이를 고치심	헬몬산	29.9	17:18	9:25	9:42	
28	고기 입에서 은전을 취하심	가버나움	29.10	17:27			
29	나면서 소경 된 자를 고치심	예루살렘	29.10.11				9:6
30	18년 된 등 굽은 여인을 고치심	베뢰아	29.12			13:13	
31	고창병자를 고치심	베뢰아	30.1			14:2	
32	나사를 무덤에서 살리심	베다니	30.2				11:43
33	문둥병자 10인을 치료	사마리아	30.3			17:14	
34	두 소경과 바디메오를 고치심	여리고	30.3	20:34	10:52	18:42	
35	무화과나무 저주 받음으로 죽음	감람산	30.4.4	21:19	11:20	13:6	
36	말고의 귀를 다시 붙이심	겟세마네	30.4.6			22:51	
37	물고기 153마리를 잡음	디베랴 바다	30.4				21:6

② 바울의 이적

번호	이적	장소	때	성경
1	바예수(엘루마)를 소경 되게 함	바보	A.D. 47년	행 13:6-11
2	앉은뱅이를 고침	두스드라	A.D. 48년	행 14:8-10
3	점치는 사귀를 내어 쫓음	빌립보	A.D. 50년	행 16:14-18
4	병든 자를 고치고 사귀를 쫓음	에베노	A.D. 54년	행 19:11-12
5	유두고를 살림	드로아	A.D. 57년	행 20:9-10
6	열병과 이질을 고침	멜리데젤	A.D. 60년	행 28:8-9

③ 바울에게 보이신 이적

번호	이적	장소	때	성경
1	하늘의 밝은 빛이 나타남과 예수의 음성을 들음	다메섹	A.D. 37년 9월	행 9:35, 26:13-18
2	밤에 환상을 봄	드로아	A.D. 50년 11월	행 16:9-10
3	옥에 갇혔을때 옥문이 열림	빌립보	A.D. 50년 12월	행 16:25-26
4	밤에 이상을 봄	고린도	A.D. 52년 3월	행 18:9
5	밤에 바다에서 이상을 봄	아드리아	A.D. 59년 8월	행 27:23-24
6	독사에 물려도 상하지 않음	멜리데 섬	A.D. 59년 9월	행 28:3-5
7	삼층천의 하늘을 봄			고후 12:2

④ 베드로의 이적

번호	이적	장소	때	성경
1	바다 위로 걸어감	갈릴리	A.D. 29년 4월	마 14:29
2	나면서 앉은뱅이 된 자를 고침	성전 미문	A.D. 33년	행 3:1-12
3	아나니아 부부가 성령을 속임으로 죽음	예루살렘	A.D. 34년	행 5:1-11
4	베드로의 그림자로 병 고침	〃	A.D. 35년	행 5:15-16
5	애니아의 중풍병 고침	룻다	A.D. 36년	행 9:32-35
6	여인 다비다(도르가)를 살림	욥바	A.D. 43년	행 9:36-42
★	스데반에게	예루살렘 문 밖	A.D. 36년	행 7:55
★	요한에게	밧모 섬	A.D. 96년	계 11:13

⑤ 예수께서 부활하신 후 나타나심

번호	나타나심	장소	때	성경
1	막달라 마리아에게	예루살렘	30년 4월 9일	막 16:9, 요 20:18
2	여인들에게	예루살렘(길에서)	〃 (오전)	마 28:9, 눅 24:10
3	베드로에게	길에서	〃 (오후)	눅 24:34, 고전 15:5
4	글로바와 누가에게	엠마오촌	〃	막 16:12
5	사도에게(도마 없을때)	예루살렘	〃 (저녁)	눅 24:39, 요 20:20
6	사도에게(도마 있을 때)	예루살렘	〃 16일	요 20:26
7	7 사도에게	갈릴리 해변	30년 5월 18일	요 21:1
8	11 사도에게	갈릴리	〃	마 28:16, 막 16:14
9	5백 형제에게	갈릴리	〃	고전 15:6
10	야고보(주의 동생)	예루살렘	〃	고전 15:7
11	11 사도에게(승천할 때)	감람산	〃 (목)	행 1:3, 눅 24:50

11. 사복음서 대조표

사건 내용	마태복음	마가복음	누가복음	요한복음	장소
① 준비 기간					
복음서론			1:1-4	1:1-18	성전
예수님의 족보	1:1-17		3:23-38		
요한이 수태된 것을 알림			1:5-25		성전
예수가 수태된 것을 알림			1:26-38		나사렛
요셉에게 알림	1:18-23				〃
마리아의 엘리사벳 방문			1:39-56		유대
세례요한의 탄생			1:57-58		〃
세례요한의 할례와 명명			1:59-79		〃
예수의 탄생	1:24-25		2:1-7		베들레헴
천사가 목자들에게 알림			2:8-14		〃 근교
목자들의 예배			2:15-20		베들레헴
예수의 할례			2:21		베들레헴
동방박사 방문	2:1-12				〃 근교
애굽으로 피난	2:13-15				베들레헴서 애굽에
헤롯의 유아학살	2:16-18				베들레헴
애굽에서 나사렛에 귀환	2:19-23		2:39		애굽에서 나사렛
예수의 나사렛 생활			2:40-52		나사렛
(1) 소년 시대	(2:23)		(2:39-40)		
(2) 12세 때 성전예배			(2:41-50)		
(3) 그 후의 18년			(2:51 52)		
②예수님의 공생애 시초					
예수의 활동과 세례요한	3:1-12	1:1-8	3:1-18	1:19-28	요단강변
예수의 세례와 요한의 증거	3:13-17	1:9-11	3:21-22	1:29-34	〃
예수의 3대 시험	4:1-11	1:12-13	4:1-13		유대광야(?)
최초의 세 제자(요한, 안드레, 베드로)				1:35-42	요단 강 부근
빌립과 나다나엘을 부르심				1:43-51	갈릴리에의 길
가나에서의 최초의 이적				2:1-11	갈릴리의 가나
가버나움 방문				2:12	가버나움
③ 초기 유대 전도					
최초의 유월절, 성전 청결				2:13-25	예루살렘
니고데모와의 대화				3:1-21	〃
유대에서의 가르치심				3:22	유대
예수에 대한 요한의 증거				3:23-31	
갈릴리로 출발	4:12		3:19-20	4:1-3	유대에서 갈릴리로
사마리아의 전도				4:4-42	수가 근교
④ 갈릴리 전도(제1차)					
갈릴리 전도 시작	4:12-17	1:14-15	4:14-15		갈릴리
신하의 아들 고치심				4:43-54	가나
세례요한의 투옥	14:3-5	6:17-20	3:19-20		마케루스의 성

사건 내용	마태복음	마가복음	누가복음	요한복음	장소
나사렛 회당에서 배척			4:16-30		나사렛
네 제자를 부르심(시몬, 안드레, 야고보, 요한)	4:18-22	1:16-20	5:1-11		가버나움 근방
귀신 들린 사람 고치심		1:21-28	4:31-37		가버나움
베드로의 장모 고치심	8:14-15	129-31	4:38-39		〃
많은 병자 고치심	8:16-17	1:32-34	4:40-41		〃
갈릴리 전도여행	4:23-25	1:35-39	4:42-44		갈릴리
문둥병자 고치심	8:2-4	1:40-45	5:12-16		갈릴리 성읍
중풍병자 고치심	9:1-8	2:1-12	5:17-26		가버나움
마태를 부르심과 그 만찬	9:9-13	2:13-17	5:27-32		〃
베데스다에서의 병 고침				5:1-47	예루살렘
제자들이 안식일에 밀 이삭을 자름	12:1-8	2:23-28	6:1-5		갈릴리에의 도중(?)
한 편 손 마른 자를 고치심	12:9-13	3:1-6	6:6-11		가버나움
바리새인의 음모와 사람들의 열광적 추종	12:14-21	3:7-12	6:17-19		〃 부근
12제자 선택	10:2-4	3:13-19	6:12-16		〃
산상설교	5:1-8		6:20-49		〃
⑤ 갈릴리 전도(제2차)					
백부장의 종 고치심	8:5-13		7:1-10		가버나움
갈릴리 순회	11:1				갈릴리
고부의 아들 살리심			7:11-17		나인 성
세례요한의 질문과 예수의 대답	11:2-19		7:18-35		갈릴리
여인이 예수의 발 아래 기름 부음과, 두 빚진 자의 비유			7:36-50		〃
갈릴리 2차 전도	12:22-37	3:20-30	8:1-3		〃
표적과 불신	12:38-45		11:14-15, 17-23		〃
바리새인의 징조 요구	12:38-45		11:16, 24-26, 29-36		〃
예수님의 모친과 형제	12:46-50	3:31-35	11:27-28 8:19-21		〃
바리새인에게 비판			11:37-54		〃
바리새인의 교훈과 무지			11:1-59		〃
갈릴리인의 회개 촉구			13:1-5		〃
천국에 관한 비유	13:1-52	4:1-34	8:4-18, 13:18-21		갈릴리
예수를 따르는 자의 여러 가지	8:18-22		9:57-62		갈릴리 호수 부근

사건 내용	마태복음	마가복음	누가복음	요한복음	장소
풍랑을 잔잔케 하심	8:23-27	4:35-41	8:22-25		갈릴리 호수
귀신을 돼지떼에 들어가게 하심	8:28-34	5:1-20	8:26-39		갈릴리 호수 동쪽 거라사
향유를 부음			8:36-38		시몬바리새인의 집
요한의 제자들과 바리새인의 금식에 관한 질문	9:14-17	2:18-22	5:33-39		가버나움
야이로의 딸 살리심, 혈루병 여인 고치심	9:18-24	5:21-43	8:41-56		〃
두 소경 고치심	9:27-31				〃
귀신 들린 벙어리 고치심	9:32-34				〃
나사렛에서 두 번째 배척	13:54-58	6:1-6			나사렛
⑥ 갈릴리 전도(제3차)					
열두제자 파송	9:35-10:1 10:5-11:5	6:6-13	9:1-6		갈릴리
세례요한 죽음(헤롯의 예수에 대한 물음에 관련)	14:1-2, 6-12	6:14-16, 21-29	9:7-9		〃
열두제자의 귀환과 휴식, 5병 2어, 5천 명을 먹이심	14:13-21	6:30-44	9:10-17	6:1-14	갈릴리호수 동북부
물 위로 걸어가심	14:22-27	6:45-52		6:15-31	갈릴리 호수
게네사렛에서의 환영	14:34-36	6:53-56			게네사렛
생명떡에 관한 교훈(세 번째의 유월절)				6:22-71	가버나움
바리새인에 관한 비판	15:1-20	7:1-23			
수로보니게 여인의 딸 고치심(가나안 여인 딸)	15:21-28	7:24-30			두로, 시돈 지방
절뚝발이, 소경, 벙어리, 불구자를 고치심	15:29-31	7:31-37		7:1	데가볼리(열 고을 뜻)
7병 2어, 4천 명을 먹이심	15:32-38	8:1-9			데가볼리
바리새인 및 사두개인의 징조 요구	15:39- 16:4	8:10-12			마가단 부근 마가에서는 달마누라 지방
바리새인의 누룩	16:5-12	8:13-21			갈릴리 호수
소경을 고치심		8:22-26			벳새다
베드로의 신앙 고백	16:13-20	8:27-30	9:18-21		가이사랴 빌립보
그리스도의 죽으심과 부활 예고(1)	16:21-28	8:31-9:1	9:22-27		〃
예수의 변화	17:1-13	9:2-13	9:28-36		〃
귀신 들린 아이 고치심	17:14-21	9:14-29	9:37-43		
그리스도의 죽으심과 부활 예고(2)	17:22-23	9:30-32	9:43-45		갈릴리
세금 위해 고기 입에서 은돈 얻게 하심	17:24-27				가버나움
겸손에 관한 교훈 기타	18:1-35	9:33-50	9:46-50		〃

사건내용	마태복음	마가복음	누가복음	요한복음	장소
⑦ 유대의 전도					
갈릴리를 떠나시다, 사마리아 인의 배척	19:1	10:1	9:51-56		갈릴리에서 유대로
칠십인의 파송			10:1-16		〃
장막절의 예수의 활동				7:2-10:21	예루살렘
간음한 여인을 용서				7:53-8:11	〃
바리새인 논쟁				8:12-59	〃
예루살렘을 떠나심. 70인 전도			10:17-24		유대
선한 사마리아 사람 비유			10:25-37		〃
마르다와 마리아의 집을 방문하심			10:38-42		베다니
기도에 대한 교훈			11:1-13		유대
성전 청결, 소경 고치심, 목자의 비유, 유대인과의 충돌, 요단 저편으로 가심				9:1-10:38	예루살렘
⑧ 베뢰아 전도					
베뢰아 전도	19:1-2	10:1		10:39-42	베뢰아
무화과나무의 비유			13:6-9		〃
십팔 년 된 귀신 들린 여인 고침			13:10-17		〃
헤롯이 죽이고자 공모함			13:22-35		〃
바리새인과의 회식, 고창병인 고치심			14:1-24		〃
참 제자의 자격			14:25-35		〃
잃은 양 비유			15:1-7		〃
잃은 돈의 비유			15:8-10		
탕자의 비유			15:11-32		
불의한 청지기 비유			16:1-13		베뢰아
바리새인을 질책하심, 나사로와 부자의 비유			16:14-31		〃
인내, 신앙, 겸손에 관한 교훈			17:1-10		〃

사건내용	마태복음	마가복음	누가복음	요한복음	장소
⑨ 마지막 전도여행					
열 문둥병자 고치심			17:11-19		사마리아와 갈릴리 사이
천국 임하심에 관한 교훈			17:20-37		베뢰아
과부의 기도			18:1-8		〃
바리새인과 세리의 기도			18:9-14		〃
나사로의 부활				11:1-46	베디니
가야바의 권고, 예수님의 피신				11:47-54	
이혼에 관한 교훈	19:3-12	10:2-12			베뢰아(?)
어린이들에 대한 축복	19:13-15	10:13-16	18:15-17		베뢰아
부유한 청년인 관원	19:16-30	10:17-31	18:18-30		〃
포도원 품꾼의 비유	20:1-16				〃
예수님의 죽으심과 부활의 예고(3)	20:17-19	10:32-34	18:31-34		〃
야고보와 요한의 소원	20:20-28	10:35-45			〃
두 소경을 고지심	20:29-34	10:46-52	18:35-43		여리고
삭개오의 회개			19:1-10		〃
열 므나의 비유			19:11-28		〃
⑩ 최후의 일주간					
금요일: 베다니 도착				11:55-12:1	베다니
토요일: 베다니에서의 만찬, 마리아가 향유를 부음				12:2-11	베 디 니 (나사로의 집)
주일: 예루살렘 입성, 베다니에 유하심	21:1-11	11:1-11	19:29-44	12:12-19	감람산, 예루살렘 베다니
월요일: 열매 없는 무화과나무 저주, 성전 청결, 어린이들의 찬송, 이적 행하심	21:12-19	11:12-19	19:45-48, 21:37-38		예루살렘 성밖
화요일: 무화과나무의 교훈	21:20-22	11:20-26	20:1-8 9-18		예루살렘에의 길,
예수의 권위, 두 아들의 비유, 악한 농부의 비유, 왕 아들의 결혼 비유	21:23-32, 33-46 22:1-14	11:27-33 12:1-12			예루살렘
바리새인의 질문(가이사에의 세금)	22:15-22	12:13-17	20:20-26		예루살렘
사두개인의 질문(부활)	22:23-33	12:18-27	20:27-40		
율법학자의 질문(제1계명)	22:34-40	12:28-34			
그리스도와 다윗의 자손에 대한 질문	22:41-46	12:35-37	20:41-44		

사건 내용	마태복음	마가복음	누가복음	요한복음	장소
학자와 바리새인에 대한 경고	23:1-39	12:38-40	20:45-47		예루살렘
과부의 두 렙돈		12:41-44	21:1-4		〃
그리스도인의 방문, 최후의 교훈				12:20-50	〃
성전 궤멸의 예언, 교회의 장래, 재림	24:1-31	13:1-27	21:5-28		감람산
재림의 시기, 갑자기 오실 일, 깨어 있어야 할 것을 교훈, 열 처녀, 므나, 최후의 심판	24:32-25:46	13:28-37	21:29-36		〃
지도자들의 음모, 유다의 배반	26:1-8, 14-16	14:1, 2, 10, 11	22:1-2 3-6	13:2	예루살렘
향유를 부음	26:13	14:3-9			시몬의 집
목요일:					
유월절 준비하심	26:17-19	14:12-16	22:7-13		베다니, 예루살렘
최후의 만찬	26:20	14:17	22:14-18, 24-30	13:3	예루살렘의 2층 다락방
제자들의 발을 씻어 주심				13:4-20	〃
유다의 물러감	26:21-25	14:18-21	22:21-23	13:21-35	〃
성찬식의 제정	26:26-29	14:22-25	22:19-20		〃
베드로의 부인 예고	26:30-35	14:26-31	22:31-38	13:36-38	겟세마네에의 길
최후의 교훈과 기도				14, 15, 16장-17:26	
겟세마네의 고민	26:36-46	14:32-42	22:39-46	18:1-	겟세마네
금요일: 그리스도의 잡히심	26:47-56	14:43-52	22:47-53	18:2-12	겟세마네
안나스와 가야바 앞에서 심문				18:13-18	예루살렘의 대제사장 관저
공회 앞에서의 심문, 사람들의 예수 조롱	26:57, 59-68	14:53, 55-65	22:63-65	18:19-24	
베드로의 주님 배반	26:58, 69-75	14:54, 66-72	22:54-62	18:15-18, 25-27	
공회에 의한 최후의 정죄	27:1	15:1	22:66-71		예루살렘의 대제사장 관저
빌라도의 심문과 석방을 위한 노력	27:11-14	15:1-8	23:1-5	18:28-38	예루살렘총독관저
헤롯 앞의 예수			23:6-12		예루살렘
빌라도의 재차 석방 노력, 유대인의 바라바 요구	27:15-26	15:6-15	23:13-25	18:39-40	예루살렘총독관저

사건 내용	마태복음	마가복음	누가복음	요한복음	장소
빌라도가 예수를 사형하기 위해 내어 줌, 채찍질	27:26-30	15:15-19		19:1-3	예루살렘총독관저
빌라도의 예수 석방을 위한 거듭된 노력				19:4-16	〃
유다의 뉘우침과 자살	27:3-10				예루살렘
십자가에의 길	27:31-34	15:20-23	23:26-33	19:16-17	
십자가에 못 박히심	27:35-38	15:24-28	23:33-34,38	19:18-24	예루살렘 근교
십자가 밑에서 된 일	27:39-49	15:29-36	23:35,37, 39-45	19:25-29	〃
예수의 죽으심과 가상칠언(십자가 위의 칠언)					
(1)아버지여 저희를 사하여 주옵소서			23:34		
(2)오늘 나와 같이 낙원에 있으리라			23:39-43		
(3)여자여 아들이니이다				19:25-27	
(4)내 하나님, 내 하나님	27:46	15:33-39			
(5)목마르다				19:28	
(6)다 이루었다				19:30	
(7)아버지 손에 부탁하나이다			23:44-49		
- 운명하심-	27:50	15:37	23:46	19:30	
사후에 된 일들	27:51-56	15:38-41	23:45,47-49		〃
십자가에서 내려다가 매장함	27:57-61	15:42-47	23:50-56	19:31-42	〃
토요일:군인들이 무덤을 지킴	27:62-66				
⑪ 부활과 승천					
여인들에게 나타나 보이심, 지진이 일어남	28:1-10	16:1-8	24:1-11		〃
요한과 베드로에게, 막달라 마리아에게		16:9-11	24:12	20:1-18	〃
파수군인의 보고	28:11-15				〃
엠마오 도상의 두 제자에게 나타나심		16:12-13	24:13-35		
10 제자들에게 나타남			24:36-43	20:19-24	예루살렘
11 제자에게 나타남		16:14		20:25-29	예루살렘
7 제자에게 나타남				21:1-14	갈릴리 호수
베드로의 회심				21:15-25	
주의 명령(→고전 15:6)	28:16-20	16:15-18	24:44-49		갈릴리의 산
승천(→행 1:1-11)		16:19-20	24:50-53		감람산의 베다니편
요한의 맺는 말				20:30-31, 21:24-25	

12. 예수님의 비유 말씀

내용	마태	마가	누가	요한
가라지 비유	13:24-30			
감추어진 보화	13:44			
값진 진주	13:45-46			
그물	13:47-48			
무자비한 종	18:23-34			
포도원의 일꾼들	20:1-16			
두 아들을 둔 사람	21:28-32			
왕자의 결혼잔치	22:1-14			
열 처녀	25:1-13			
달란트	25:14-30			
양과 염소	25:31-46			
싹, 이삭, 익은 알곡(씨의 성장)		4:26-29		
주인의 오심을 위해 깨어 있으라		13:34-36		
빚진 두 사람			7:36-50	
선한 사마리아 사람			10:25-37	
한밤중에 찾아온 친구			11:5-8	
어리석은 부자			12:16-21	
깨어 있는 종들			12:35-40	
지혜 있는 청지기			12:42-48	
열매 없는 무화과나무			13:6-9	
큰 잔치			14:16-24	
망대와 그 건축비용의 예산			14:28-33	
잃어버린 양			15:3-7	
잃어버린 동전			15:8-10	
탕자			15:11-32	
불의한 청지기			16:1-13	
부자와 나사로			16:19-31	
주인과 하인(무익한 종)			17:7-10	
강청하는 과부와 법관			18:1-8	
바리새인과 세리의 기도			18:9-14	
열 므나			19:12-27	
반석 위에 세운 집	7:24-27		6:48-49	
누룩	13:33		13:20-21	
잃어버린 양	18:12-14		15:3-7	
말 아래 둔 등잔	5:14-16	4:21-22	8:16-17	
낡은 옷에 기워 붙이는 새 천	9:16	2:21	5:36	
새 포도주와 낡은 부대	9:17	2:22	5:37-38	
씨 뿌리는 자	13:3-9	4:3-20	8:4-15	
	18:23			
겨자씨	13:31-32	4:31-32	13:18-19	
포도원과 농부	21:33-41	12:1-9	20:9-16	
무화과나무의 새 잎사귀	24:32-35	13:28-31	21:29	
지혜 있는 종	24:43-51	13:35-36	12:35-46	
선한 목자				10:16
포도나무				15:1-6

13. 예수님의 칭호

번호	명칭	성경
1	주	마 3:3, 막 1:3, 눅 3:4
2	길	요 14:6, 히 10:20
3	홀	민 24:17, 창 49:10
4	꽃	아 2:1
5	신	고후 3:17-18
6	예수	마 1:21-25
7	구주	눅 2:11, 행 13:23, 욥 19:25, 사 63:8
8	감독	벧전 2:25
9	임금	행 5:31
10	인자	마 8:20, 요 1:51, 단 7:13
11	생명	요 14:6, 11:25, 골 3:4
12	말씀	요 1:1, 계 19:13
13	유대 왕	마 2:2, 눅 23:3
14	반석	고전 10:4, 민 20:11
15	참빛	요 1:9, 8:12
16	부활	요 11:22
17	진리	요 14:6
18	돋는 해	눅 1:78
19	기묘	사 9:6
20	목자	벧전 2:25
21	사도	히 3:1
22	선생(랍비)	마 8:19, 막 12:32, 눅 10:25
23	산돌	벧전 2:4
24	아멘	계 1:7, 3:14
25	남편	사 54:5
26	분수	슥 13:1
27	가지	슥 3:8, 6:12, 사 11:1, 렘 23:5
28	모사	사 9:6
29	선지자	눅 24:19, 신 18:15-18
30	독생자	요 1:14, 18, 3:16
31	메시아	요 1:41
32	양의 문	요 10:7
33	집의 터	고전 3:11
34	마지막 아담	고전 15:45
35	중보자	딤전 2:5, 히 12:24
36	재판장	딤후 4:8
37	하나님	히 1:8, 요 20:28
38	이긴 자	히 2:15
39	오실 자	히 10:37
40	산 소망	벧전 1:3

번호	명칭	성경
41	대언자	요일 2:1
42	새벽별	계 22:16
43	섭정자	단 9:25
44	착한 종	마 12:17, 사 42:1
45	임마누엘	마 1:23, 사 7:14
46	그리스도	마 16:16, 갈 3:16
47	구원의 문	요 10:9
48	선한 목자	요 10:11, 히 3:20, 시 23:1
49	본 되신자	요 13:15, 롬 15:5, 벧전 2:21,23
50	포도나무	요 15:1
51	생명의 주	행 3:15
52	만유의 주	행 10:36
53	영광의 주	고전 2:8
54	청결한 자	히 1:3
55	대제사장	히 3:1,4:14, 5:1, 6:20, 7:24
56	만주의 주	계 17:14, 19:16
57	만왕의 왕	게17:14, 19:16
58	영광의 왕	시 24:7-8
59	평강의 왕	사 9:6
60	우리의 의	렘 23:6
61	그 왕 다윗	렘 23:5, 호 3:5
62	겸손한 왕	슥 9:9
63	의로운 해	말 4:2
64	다윗의 자손	마 9:27, 21:9, 22:42,45
65	거룩하신 자	눅 4:34, 행 3:14, 요일 2:20
66	이스라엘 왕	요 1:49
67	생명의 양식	요 6:35, 38, 51
68	거룩한 아들	행 4:27
69	시험한 돌	사 28:16
70	구원하실 자	롬 11:26, 사 59:20
71	교회의 머리	엡 4:15, 5:23
72	크신 하나님	딛 2:13
73	승천하신 자	히 4:14
74	언약의 보증	히 7:22
75	믿음의 주인	히 12:2
76	보배로운 돌	벧전 2:4,8
77	신실한 증거	계 1:5
78	처음과 나중	계 1:17, 2:8, 21:6, 22:13
79	진실하신 이	계 3:14
80	창조의 근원	계 3:14
81	다윗의 뿌리	계 5:5, 22:16
82	여호와의 종	사 42:1, 42:19, 52:13, 12:17

번호	명칭	성경
83	여호와의 팔	사 53:1
84	언약의 사자	말 3:11
85	하나님의 아들	마 3:17, 막 1:11, 눅 3:22, 요 1:49
86	안식일의 주인	마 12:8
87	유월절의 양	고전 5:7, 출 12:5
88	하나님의 형상	고후 4:4, 히 1:3
89	장인이 버린 돌	벧전 2:7, 시 118:2
90	알파와 오메가	계 1:17, 2:8, 21:6, 22:13
91	만물을 지으신 자	요 1:3, 골 1:16, 히 1:2,10
92	하나님의 어린양	요 1:29, 계 5:6
93	미리 알게 하는 자	히 7:20
94	유대 지파의 사자	계 5:5
95	영생하신 아버지	사 9:6
96	전능하신 하나님	사 9:6
97	지극히 높으신 자	단 7:25
98	여호와의 짝된 자	슥 13:7
99	하늘에서 내려온 자	요 3:13
100	집 모퉁이 요긴한 돌	엡 2:20, 벧전 2:6-7, 시 118:22, 사 28:16
101	하나님의 영광의 광채	히 1:3
102	거룩하게 하시는 자	히 13:12
103	죽음에서 먼저 사신 자	계 1:5
104	이스라엘을 다스릴 자	미 5:2
105	여호와의 기뻐하시는 자	사 42:1, 마 3:17
106	다윗의 열쇠를 가지신 이	계 3:7
107	아름다운 소식을 전하는 자	사 52:7
108	세세에 찬양을 받으실 하나님	롬 9:5
109	좌우의 날선 검을 가진 자	계 2:12
110	일곱 신과 일곱 별을 가진 자	계 3:1
111	일곱 별과 일곱 등대를 주장한 자	계 2:1
112	눈이 불꽃 같은 이	계 2:28

14. 성령의 칭호

번호	명칭	성경
1	예수 그리스도의 영	빌 1:19
2	우리 가운데 계신 성령	고전 6:19, 롬 8:11
3	은혜의 성령	히 10:29
4	주 여호와의 영	사 61:1
5	아버지의 성령	마 10:20
6	하나님의 성령	고전 3:16, 엡 4:30, 마 3:16
7	약속하신 성령	행 1:4, 2:33, 갈 3:14, 엡 1:13
8	영원하신 성령	히 9:14
9	진리의 성령	요 16:13
10	생명의 성령	롬 8:2, 겔 37:8-10
11	주신 성령	롬 5:5
12	주의 성령	사 63:10
13	간구하시는 성령	롬 8:26
14	보혜사	요 14:16, 26, 15:26, 16:7
15	성령	눅 11:13, 요 20:22, 고전 2:10
16	주의 영	고후 3:17
17	예언의 영	계 19:10
18	영광의 영	벧전 4:14
19	아들의 영	갈 4:6
20	성결의 영	롬 1:4
21	예수의 영	행 16:7
22	진리의 영	요 14:17, 15:26
23	여호와의 영	사 11:2, 63:14, 미 3:8
24	하나님의 영	창 1:2, 욥 33:4, 롬 8:9
25	그리스도의 영	롬 8:9, 벧전 1:11
26	지혜와 계시의 영	엡 1:17
27	모략과 재능의 영	사 11:2
28	지혜와 총명의 영	사 11:2
29	살아 계신 하나님의 영	고후 3:3
30	지식과 여호와를 경외하는 영	사 11:2

★ 성령의 별호

번호	명칭	성경
1	비둘기 같음(정하고 순하심)	마 3:6, 막 1:10, 눅 3:22, 요 1:32
2	생수 같음(성결케 하심)	요 7:38-39
3	바람 같음(힘이 많으심)	행 2:2
4	불 같음(연단 시킴)	행 2:3
5	기름 같음(윤택케 하심)	행 4:27, 히 1:9, 약 5:14, 시 45:7
6	인 치심(보증의 표)	고후 1:22, 엡 1:13, 4:30
7	기운 같음(살게 하심)	욥 33:4

15. 천사의 칭호

★ 특별한 명칭

번호	명칭	성경
1	미가엘(뜻, 하나님과 같은 자)	단 10:13-21, 12:1, 계 12:7, 유 9
2	가브리엘(뜻, 하나님의 사람)	단 8:16, 9:21, 10:5-6, 눅 1:19, 26-38

★ 보통 명칭

번호	명칭	성경
1	하나님의 사자	창 32:1
2	하나님의 군대	창 32:2
3	하나님의 아들들	욥 38:7
4	새벽별	욥 38:7
5	천군	시 103:21
6	천사	시 148:2
7	군대	시 148:2
8	스랍	사 6:2-6
9	그룹	겔 11:22
10	생물	겔 1:4-14, 계 4:6-8
11	거룩한 자 순찰자	단 4:13-17
12	섬기는 영	히 1:14

16. 마귀의 칭호

번호	명칭	성경
1	마귀	마 4:1, 눅 8:12, 요 8:44, 행 13:10, 계 12:9
2	사탄	마 4:10, 막 1:13, 계 12:9, 욥 1:6, 슥 3:1
3	귀신	마 4:24, 막 9:26, 눅 4:35, 딤전 4:1, 계 16:14, 마 12:43, 눅 11:26
4	바알세불(악마의 두목)	마 10:25, 12:24, 막 3:22, 눅 11:15
5	뿌린 곡식을 주워 먹는 자	마 13:4-9, 막 4:15, 눅 8:12
6	악한 자	마 13:19-38, 벧후 3:17, 요일 2:13, 5:18
7	가라지를 심는 자	마 13:25-39
8	독사	눅 3:7, 시 140:3, 마 3:7
9	악귀	눅 7:21, 행 19:15
10	살인한 자	요 8:44, 벧전 5:8, 요일 3:12, 창 4:8
11	거짓말 하는 자	요 8:44, 행 5:3, 고후 11:3, 계 12:9, 창 3:4
12	세상 임금	요 12:31, 14:30, 16:11, 계 19:19
13	악한 생각을 일으키는 자	요 13:2, 행 5:3, 고전 7:5, 엡 4:27
14	계책, 천사로 가장, 간계, 올무를 놓는 자	고후 2:11, 11:14, 엡 6:11-16, 딤전 3:7

번호	명칭	성경
16	이 세상 신	고후 4:4, 딤전 4:1, 요일 4:6, 계 16:14
17	교회를 대적하며 멸하고자 한 자	고후 4:4, 벧전 5:8
18	벨리알	고후 6:15
19	옛뱀	고후 11:3, 계 12:9, 20:2, 창 3:1, 시 140:3
20	옛적 천사	고후 2:14, 벧후 2:4, 유 6절
21	공중의 권세 잡은 자	엡 2:2, 6:12
22	불신자 중에서 일하는 자	엡 2:2, 딤전 5:15
23	세상 흑암을 주장하는 자	엡 6:12, 골 1:13
24	시험하는 자	살전 3:5
25	교만하여 죄에 빠지게 하는 자	딤전 3:6
26	사망의 권세 잡은 자	히 2:14
27	우리의 대적 마귀	벧전 5:8
28	사자	벧전 5:8, 시 22:21
29	처음부터 범죄하는 자	요일 3:8
30	핍박과 환난을 일으키는 자	계 2:10
31	무저갱의 사자	계 9:11
32	마귀의 사자	계 12:7-9
33	용	계 12:9, 13:2, 16:13, 20:2
34	온 천하를 꾀는 자	계 12:9
35	형제를 참소하는 자	계 12:10
36	벌하는 자	시 78:49
37	뱀(리워야단)	사 27:1

★ 그리스도인의 칭호(비유)

①자녀 ②예수의 군사 ③경기하는 자 ④농부 ⑤일꾼 ⑥그릇 ⑦주의 종 ⑧신부 ⑨포도나무 가지 ⑩건축물 ⑪몸의 지체 ⑫성전 ⑬양 ⑭성도 ⑮청지기 ⑯그리스도의 편지 ⑰세상의 빛과 소금

17. 예수님의 열두제자 (마 10:2-4, 막 3:16-19, 눅 6:14-16, 행 1:13)

이름	별명	친족	사는 곳	직업	성경	죽은 형
베드로(형)(반석)	시몬 · 게바	부친(요나)	처음(벳새다), 후에(가버나움)	어부	요 1:42	십자가에 거꾸로 달려 죽음
안드레(동생)		〃	〃	〃	막 1:16	X형의 십자가에 달려 순교함
야고보(대)(형)	보아너게(우뢰의 아들)	부친(세베대) 모친(살로메)	처음(벳새다), 후에(예루살렘)	〃	막 3:17	헤롯에게 목 베여 죽음
요한(동생)	〃	〃	〃	〃	막 3:17	에베소에서 순사함
빌립			벳새다		요 1:43-44	기둥에 매여 맞아 죽음
바돌로매	다나나엘	부친(들로매)	갈릴리		요 21:2	산 채로 가죽이 벗겨짐
도마	디두모		〃		요 21:2	쇠몽둥이에 맞아 죽음
마태(주신 선물)	레위	부친(알패오)	가버나움	세리	막 2:14	칼에 찔려 죽음
야고보(소)(형)		부친(알패오)	갈릴리		마 10:3	나무에 달려 죽음
유다(동생)	다대오 · 리비오		〃		행 1:13	활에 맞아 죽음
시몬	예열		〃		행 1:13	몽둥이에 맞아 죽음
유다	가룟(유나)	부친(시몬)	가룟		요 6:71	목매어 사설함

18. 요한계시록의 7교회 대조표 (계 2-3장)

구분 \ 교회	에베소 교회 (2:1-7)	서머나교회 (2:8-11)	버가모 교회 (2:12-17)	두아디라 교회 (2:18-29)	사데 교회 (3:1-6)	빌라델비아 (3:7-13)	라오디게아 (3:14-22)
예수의 이름	7별과 7등대를 주장하는 이 (2:1)	죽었다가 다시 사신 이 (2:8)	좌우에 날선 검을 가진 이 (2:12)	눈이 불꽃 같고 발이 빛난 주석 같은 이 (2:18)	7신과 7별을 가지신 이 (3:1)	나윗의 열쇠를 가지신 이 (3:7)	진실하신 이 (3:14)
칭찬		환난과 궁핍을 당함 (2:9)	굳게 잡고 배반치 않음(2:15)	선행이 전진하였다 함(2:19)	옷을 더럽게 아니함 (3:4)	굳센 힘으로 말씀을 지킴(3:8)	
책망	처음 사랑을 버림 (2:4)		니골라 무리의 교훈을 지킴 (2:15)	음행함 (2:20)	유명무실타함 (3:1)		차지도 않고 덥지도 않음 (3:15)
권고	회개하라 함(2:5)	죽도록 충성하라 함 (2:10)	회개하라 함 (2:16)	굳게 잡으라 함 (2:25)	늘 깨어 지키라 함 (3:2-3)	굳게잡고 면류관을 빼앗기지 말라(3:11)	금과 흰옷과 안약을 사라 함 (3:18)
결과	생명나무 열매를 줌 (2:7)	생명의 면류관을 얻고 둘째 사망을 면함 (2:10-11)	만나와 흰돌을 줌 (2:17)	새벽별을 줌(2:28)	생명책에서 이름을 흐리지 않음(3:5)	성전의 기둥 재목이 되게 함 (3:12)	보좌에 함께 앉겠다 함(3:21)

19. 성경의 달력 대조표

양력	음력	유 대 국 역 서				
		상력	정력	달이름	방언	성경
3월	4월 30일	7월	1월 30일	아빕 월, 니산 월	히브리 〃	출 13:4, 에 3:7
4월	5월 31일	8월	2월 29일	시브 월, 시이야 월	가나안, 바벨론	왕상 6:1,37 미카비 13:51
5월	6월 30일	9월	3월 30일	시완 월	히브리	에 8:9
6월	7월 31일	10월	4월 29일	담무스	바벨론	겔 8:14
7월	8월 31일	11월	5월 30일	아부 월	〃	스 7:9
7월	8월 30일	12월	6월 29일	엘룰 월	히브리	느 6:15
9월	10월 31일	1월	7월 30일	에다님 월, 디스리 월	가나안, 바벨론	왕상 8:2
10월	11월 30일	2월	8월 29일	불 월, 말게스완 월	가나안, 바벨론	왕상 6:38
11월	12월 31일	3월	9월 30일	기슬래 월	히브리	슥 7:1
12월	1월 31일	4월	10월 29일	데벳 월	〃	에 2:16
1월	2월 28일	5월	11월 30일	스밧 월	〃	슥 1:7
2월	3월 31일	6월	12월 29일	아달 월	〃	에 3:7

20. 성경의 도량형 환산표

(1) 척도

가락넓이	손넓이	뼘	보통규빗	신성규빗	장대	cm	성경
1						1.875	렘 52:21-
4	1					7.5	출 25:25, 왕상 7:26-
12	3	1				22.5	출 28:16-
24	6	2	1			45	신 3:11-
28	7	2 1/3	1 1/6	1		52.5	겔 40:5-
168	42	14	7	6	1	315	겔 40:5-

한글역 명칭	원어 명칭	미터(m)	성경 대조	참고
규빗	Pèchus	0.45	계 21:17	
칸	Pèchus	0.45	요 21:8	환산하여 역출
길	orguia	1.84	행 27:28	
리	stadion	185	요 6:19, 11:18	환산하여 역출
척	stadion	185	계 14:20, 21:16	
리	stadion	185	눅 24:13-	환산하여 역출
리	milion	1,480	마 5:41-	8스타디아

※하룻길-32-40km(창 30:36, 눅 2:44→민 11:31, 욘 3:3, 창 31:23) 안식일에 허락되어 있는 거리

① 요세푸스에 의하면, 6스타디아=1,110m(행 1:12)

② 수 3:4에 의해 2,000규빗으로 하면 900m이다.

(2) 용량

① 고체량

㉮ 구약

갑	모멜	스아	에바	레섹	호멜	리터(L)	성경
1						1.277	왕하 6:25
1 4/5	1					2.299	출 16:33, 36
6	3 1/3	1				7.663	창 18:6, 왕상 18:32, 삼상 25:18
18	10	3	1			22.991	출 16:36, 겔 45:11
90	50	15	5	1		114.956	호 3:2-
180	100	30	10	2	1	229.913	사 5:10, 민 11:32

㉯ 신약

한글역 명칭	원어 명칭	리터(L)	성경
되(홉)	코이니크스(Choinix)	1.08	계 6:6-
말(되홉)	모디오스(Modios)	8.49	마 5:15, 막 4:21-
말	사톤(Saton) 세아(Scah) 코로스(Koros)	7.663	마 13:33, 눅 13:21(삼상 25:18)
석	코르(Kor)	229.913	눅 16:7-

② 액체량

㉮ 구약

록	갑	힌	맛	고르	리터(L)	성경
1					0.319	레 14:10
4	1				1.277	
12	3	1			3.831	출 29:40, 30:24, 레 23:13
72	18	6	1		22.991	왕상 7:26, 대하 2:10
720	180	60	10	1	229.913	왕상 4:22, 5:11, 겔 45:14-

㉯ 신약

한글역 명칭	원어의 명칭	리터(L)	성경
말	바토스(batos)	22.991	눅 16:6
통	메트레테스(metretes)	39	요 2:6

※팔레스틴에서 출토된 에바=밧(되)으로 추정되는 항아리의 용적을 계량한 것의 평균치 한 에바=한 밧(Bath), 즉 22.9913L을 기준으로 한다.

(3) 중량

① 구약

게라	베가	세겔	므나	달란트	그램(g)	성경
1					0.571	출 30:13-
10	1				50.12	출 38:26-
20	2	1			11.424	레 27:25-
1,000	100	50	1		571.2	겔 45:12-
60,000	6,000	3,000	60	1	34,272	출 38:29, 삼하 12:30-

② 신약

한글역 명칭	원어의 명칭	그램(g)	성경
나드	리트라(litra)	327	요 12:3
달란트의 무게	탈랜티아이오스(talantiaios)	40.907	계 16:21

21. 통화 환산표

명칭	영국돈	성경	비고
렙돈(Lepton)	1/16 페니	막 12:42, 눅 21:2	헬라의 최소 청동화
고드란트(Quadrans)	1/8 페니	마 5:26, 마 12:42	로마의 최소 동화
앗사리온(Assarion)	1/2 페니	마 10:29, 눅 12:6	헬라, 로마의 동화
데나리온(Denarius)	8 페니	마 20:2, 눅 10:25	로마의 은화(노동자의 하루 임금)
드라크마(Drachma)	9 페니	눅 15:8	헬라의 은화
드라크마(Didrachma)나 반 세겔	2 실링		누구나 내는 성전세의 액수 ※유다가 예수를 판 액수가 30 드라크마 즉 3파운드 정도
세겔(Shekel)	4 실링	마 17:27	은화
므나(Mina)	100 드라크마 (즉, 약 4파운드)	눅 19:11-27	
달란트(Talent)	240파운드	마 18:24, 마 25:14-30	화폐라기보다 240 파운드에 해당하는 은의 종류

22. 시각 환산표

※ 1일은 일몰에서 일출까지이다. 황혼이나 저녁은 해질 때이다.

구분	시각		시간	성경
구약	밤	초경	18 ~ 22시	애 2:19
		이경	22 ~ 2시	삿 7:19
		삼경	2 ~ 6시	출 14:24 삼상 11:11
	낮	아침	6~ 10시	창 24:54
		오정	10 ~ 15시	창 18:1
		서늘할 때	15 ~ 18시	창 3:8 잠 7:9
		저물 때	18시	욥 24:15
신약	밤	저물 때	18 ~ 21시	막 13:35
		밤중	21 ~ 24시	막 13:35
		닭 울 때	0 ~ 3시	막 13:35 눅 22:61
		새벽	3 ~ 6시	마 14:35, 막 13:35

구분	시각		12시간제(요 11:9-)			
			밤중기산(로마식) (요한복음)	새벽기산(유대식) (공관복음)	시간	성경
신약	낮	아침(마 16:3)	제6시	제0시	오전 6시	요 19:14
			제9시	제3시	오전 9시	마 20:3
			제10시	제4시	오전 10시	요 1:39
		오정(행 22:6)	제12시	제6시	오전 12시	마 20:5
			제3시	제9시	오후 3시	마 20:5
		저녁(마 16:2)	제5시	제11시	오후 5시	마 20:5
			제6시	제12시	오후 6시	요 4:6
			제7시	제1시	오후 7시	요 4:52

23. 절기 일람표

번호	명칭	월 일	유래	예식	성경
1	유월절	1. 14	출애굽	양피는 문설주에 바르고 육식	출 12:23,24
2	무교절	1. 50-20	보리 추수	누룩 없는 떡 먹음	레 23:6, 민 28:17
3	오순절	3. 6	시내 산 십계명 받고 성신강림	엄숙히	출 23:16, 34:22
4	초막절	7. 15	광야 표리	들에서	레 23: 민 29:
5	나팔절	7. 1	신년축하	나팔 불며	레 23: 민 29:
6	부림절	12. 14-15	유대인 구원	금식	에 9:
7	수장절	1. 15-22	과실 추수		출 23: 34:
8	수전절	10. 25	167년에 마카비가 안티오거스에 피파너스를 피하고 성전 청결	집집마다 등불 켜고	요 9:5, 10:22

24. 제사 일람표

구분	명칭	제물	성경	비고
제사의 종류	번제	송아지, 숫양, 비둘기	출 29:38, 레 6:8	하나님께 대한 온전한 헌신
	소제	곡식	레 2:5	부가된 제사
	화목제	소, 양, 염소	레 3:17, 7:11	하나님과 화친을 위한 제사
	속죄제	죄목에 따라 다름	레 4: - 5:13	죄를 속하기 위한 제사
	속건제	〃	레 5:14, 7:1-7	제물이나 성물에 대한 허물, 인간관계에서의 허물(실수)을 위한 제사
제사의 방법	요제		출 23:24	제물을 앞뒤로 흔들어 드림
	거제		레 7:30, 8:27	제물을 높이 들어 올려 드림
	화제		출 29:18 레 1:9-17	제물을 불살라 드림
	전제/관제		민 28:24 빌 2:17 딤후 4:6	제물에 포도주를 붓는 것

25. 주제별 참고 성구

[가난]

위로→욥 5:15-16, 시 9:18-, 72:2-, 102:17, 약 2:5- **권면**→마 6:25-43, 신 28:1-14, 잠 6:6-11, 빌 4:5-13

[가정]

제도→창 1:27-28, 2:18-24, 3:16-, 시 68:6- **생활**→창 24:63-67, 요 11-1-, 19:27, 마 8:14, 17:25 **부부**→벧전 3:1-6, 딤전 5:8, 딛 2:5, 엡 6:1, 출 20:12, 레 19:3, 골 6:20, 행 13:22, 막 10:13-16

[감사]

이유→대상 29:13, 시 54:6, 7:17, 63:6-, 21:13, 150:2-42:5, 58:8-9 **의무**→시 28:7, 눅 17:21, 엡 1:15-16, 5:19-2, 빌 4:6, 골 1:3, 살전 1:2-

[거룩]

요 13:3, 롬 1:7, 6:19, 갈 5:16, 엡 1:4, 5:3-4, 빌 2:15, 골 3:5, 딤후 1:14, 벧후 3:14, 요일 1:19-

[겸손]

시 138:6, 140:3, 마 11:29, 잠 11:2, 16:19, 마 18:4, 23:12, 막 23:12, 눅 18:14, 행 19, 롬 12:3, 10, 16, 엡 4:2, 빌 2:3, 6-8, 골 2:18, 3:12, 약 4:6, 벧전 2:2,17, 5:5-

[경건]

약 2:14, 17, 벧전 1:17

[교만]

시 12:3, 18:27, 101:5, 잠 3:7, 16:18-, 마 23:5, 눅 1:51, 11:43, 롬 1:30, 12:16, 고전 4:7, 8:2, 고후 10:18, 갈 6:3, 딤전 3:6-, 약 4:6, 벧전 5:5

[구원]

택함→요 15:16, 행 13:48, 롬 8:31-35, 엡 1:4-6 **용서**→눅 7:48, 엡 1:7 **중생**→요 3:5-7, 벧전 1:23, **영생**→요 3:16, 히 5:9 **자녀**→요 1:12, 롬 8:16, 요일 3:2 **보호**→벧전 1:5, 요일 2:28-29 **영광**→요 14:1-22, 17:24, 롬 8:30

[구제]

요구→신 15:7, 눅 3:11, 11:41, 엡 4:28, 딤전 6:18, 히 13:16 **방법**→잠 3:27, 20:6-,마 6:1, 막 12:43-, 행 11:29, 롬 12:8, 고전 16:2, 고후 8:12, 9:7, 벧 4:11전 **받을 복**→시 41:1, 잠 14:21, 19:17, 마 25:32-40, 눅 6:38, 33:34, 딤전 6:18, 히 6:10

[그리스도]

계심→요 1:1-3, 30, 3:13, 6:62, 8:56-58, 고전 1:30, 골 1:15-17, 히 13:8 **오심**→시 2:7, 마 1:20, 2:2, 눅 2:11-40, 1:35, 5:52, 요 1:14, 빌 2:7 **증거(자)**→마 14:61-62, 요 5:17, 6:35, 9:5, 10:7, 11, 17, 30, 11:25, 14:6, 15:1 **증거(타)**→마 16:16, 27:54, 막 5:7, 요 1:29, 49, 34, 41, 6:69, 11:27, 20:28, 20:31 **신성**→렘 23:6, 욜 2:32, 사 9:6, 요 1:1, 20:28, 롬 9:5, 딛 2:13, 요일 5:20

[기도]

정의→느 6:9, 시 107:6, 13, 16, 28, 마 8:2, 3, 요 15:7-8, 행 4:31, 16:25, 빌 4:6-7 **방법**→마 6:6, 26:41, 막 11:18, 눅 22:42, 요 15:7-8, 빌 2:12-14, 골 1:9-11, 살전 5:17-24, 히 10:17, 약 5:17-18 **응답**→시 15:5, 사 17:7, 45:22, 시 34:5, 미 7:7, 막 7:34, 눅 9:16, 행 7:55

[돈]

경고→마 6:19-21, 눅 12:16-21, 16:13-15, 요 6:26-27,롬 13:14, 골 3:5-6, 딤전 6:9, 10 **합당함**→마 6:24-25, 38, 8:18-20, 19:27, 눅 22:36, 고후 8:9-, 딤전 6:6-9

[두려움]

합당→신 6:13, 10:12, 수 24:14, 시 31:23-24, 33:8, 갈 1:6, 히 12:28, 벧전 1:17- **부당**→마 10:28, 17:7, 막 4:40-41, 5:36, 눅 5:10, 12:32, 요 6:20, 41:27

[마음]

합당→마 22:37, 막 12:30, 눅 10:27, 히 4:12, 8:10-, 10:16, 벧전 1:13, 벧후 3:2-, 3:10- **부당**→마 15:18-19, 눅 1:51-, 롬 1:21-, 엡 2:3-, 골 1:21, 딤후 3:1-4

[믿음]

정의→행 27:21, 25, 롬 4:3, 20, 엡 2:8- **결과**→요 1:12, 롬 8:1, 고전 1:2, 고후 5:21, 엡 1:3,13, 2:13, 골 1:12, 히 3:14, 벧후 1:4, 요일 5:12 **할 일**→신 11:19, 시 116:13, 119:59, 잠 3:5, 롬 6:14,17 엡 5:15, 딤전 4:13, 16, 계 2:10, 13

[박해]

명령→마 10:34-49, 눅 12:49-52, 요 15:18-21, 행 14:22-, 딤후 1:8-, 3:12- **이유**→살후 1:5, 11, 12, 히 10:31-37, 12:6-12, 벧전 4:12-14, 16-19 **보수**→마 16:25-, 고후 4:16-18, 딤후 2:12, 계 22:5-

[범죄]

시 32:1, 32:5, 37:38, 39:8, 51:13, 89:32, 고후 5:19, 골 2:13, 요일 3:4

[병]

이적→마 4:24-, 8:2, 3, 6-14, 9:18, 24, 25, 20-22, 27-30, 12:10-, 15:30, 눅 14:2-4, 22:49-51 **치유의 능력**→출 15:26, 요 10:10, 행 17:25, 28-, 골 1:16, 딤전 5:23, 히 2:14, 계 22:2

[복음]

정의→막 1:1, 행 20:24, 롬 1:1, 15:29, 고전 4:15, 고후 4:4, 엡 1:13, 빌 1:16, 27 **결과**→행 4:33-37, 8:5-8, 27-39, 9:19, 16:24, 34, 19:18, 살전 1:9-10

[부모]

계명→출 20:12, 신 5:16, 엡 6:2 **공경**→창 18:19, 27:5-46, 신 4:9, 시 78:5, 잠 13:24, 19:18, 22:6-15, 마 19:13-14, 고후 12:14

[부활]

증명→사 26:19, 단 12:2, 요 5:25-29, 6:39, 40, 44, 11:24-25, 고전 15:, 살전 4:13-17, 계 20:13 **시기**→요 5:27-29, 11:24, 고전 15:23, 빌 3:20-21, **예수님의 부활**→마 28:1-10, 막 16:1-8, 16:9-11, 눅 24:1-11, 요 2:1-18

사도들의 증거→행 2:24, 31, 32, 3:15, 4:2, 10, 4:33, 5:30, 9:3-6, 10:40, 13:30-37, 17:3, 18, 31, 22:6-11, 24:15,21

[불신앙]

원인→요 5:44-, 고후 4:4, 딤후 2:12- **경고**→마 24:11, 막 16:16, 눅 12:46, 요 8:24, 롬 1:28, 딤후 2:12, 히 3:18, 벧후 2:12, 계 21:8- **예**→시 106:24, 마 13:57, 요 7:5

[사탄]

마 13:28,39, 눅 22:31, 4:2, 고후 4:4, 11:14, 살전 2:18, 3:5, **사역**→대상 21:1, 슥 3:1, 마 4:10, 9:32, 16:23, 눅 8:12, 22:31, 요 13:27, 행 5:3, 고후 2:11, 11:14, 살후 2:9, 요일 3:8, 계 2:10

[사랑]

성부애→사 54:10, 렘 31:3, 호 14:4, 요 3:16, 17:23, 롬 5:8, 8:39, 엡 1:2-23, 살후 2:16, 요일 3:1-2 **성자애**→요 13:1, 15:12-13, 롬 8:35, 고후 5:14, 엡 3:9 **성령애**→롬 15:30, 약 4:5- **하나님의 요구**→출 20:6, 신 6, 5:10-12, 욥 23:3, 시 19:7-10, 42:1-2, 요 4:20-21, 빌 1:9, 요일 2:5, 4:19 **그리스도에 대한 사랑**→마 10:37,42, 요 14:15, 21, 23 벧전 1:7-8 **인간애**→요 13:34, 15:12 롬 12:9-10, 13:8, 고전 13:1, 갈 5:6, 골 3:14, 살전 3:12-13, 엡 5:2, 빌 2:1, 딤전 1:5, 히 13:1, 벧전 1:22, 요일 2:9-11 **정의**→마 18:15-17, 25:4, 행 2:42-47 롬 12:1, 고전 12:26-27, 고후 2:4-11, 8:1, 9:1, 12:14-19, 13:1-13, 갈 4:15, 6:1,10, 엡 1:15-16, 빌 1:3-6, 골 1:3-4, 살전 1:2-3, 히 10:24-25, 요일 3:17-18

[삼위일체]

구약증거→창 1:26, 11:7, 16:7-13, 18:1-21, 19:1-22, 사 48:16, 63:10, 61:1 **신약증거**→마 28:19, 눅 3:21, 22, 고전 12:4-6, 고후 13:13, 벧전 1:2

[선교]

필요성→시 53:6, 요 3:3, 5, 7, 16, 롬 3:9, 23, 5:12, 10:13 **명령**→마 28:18-20, 막 16:15-16, 눅 24:46-48, 요 20:21, 23, 행 1:8-

[성경]

시 19:8, 119:130, 눅 24:26, 요 5:39, 45-47, 20:31-, 롬 10:17, 15:4-,갈 3:22, 딤후 3:16,17, 히 14:12, 벧후 1:20-21

[성령]

정의→시 139:7-10, 고전 2:4-5, 10, 12:11, 엡 4:30, 히 9:14 **사역**→창 1:2, 2:7, 시 33:6, 마 4:1, 12:28, 눅 1:35, 3:21-22, 롬 8:11, 히 9:14 **능력**→욥 26:13, 요 14:26, 16:13, 행 13:2, 롬 8:26, 15:30, 계 2:7

[세례]

의미→마 28:19-, 행 2:38-, 8:16, 19:3 5, 22:16, 롬 6:3-5, 고전 1:12-17, 골 2:11-12, 벧전 3:21, **명령**→막 16:16, 28:19

[소망]

정의→롬 5:4-5, 고전 13:13- **근거**→행 26:6-8, 롬 5:2, 8:37-39, 딛 1:2, 벧전 1:3,21, **대상**→시 39:7, 행 23:6, 롬 8:18-22, 24-25, 고전 15:19, 고후 3:8-, 갈 5:5, 딛 3:7, 히 6:11-12

[순종]

출 23:22-, 신 11:25-27, 28:1-12, 요 10:27, 행 5:32, 롬 6:17, 히 11:8, 벧전 1:22, 3:6, 히 5:9-, 11:8, 요일 3:24 **불순종**→수 5:6, 삿 2:2, 6:10, 삼상 15:20-23, 왕상 13:1-32, 단 9:10-14, 렘 3:13, 25, 11:8

[시험]

눅 4:13, 8:13, 22:28, 고전 10:13, 약 1:12, 13-14, 히 2:18, 3:8, 계 3:10

[심판]

과거→요 5:24, 요 12:31, 고후 5:21, 갈 3:13, 벧전 2:24 **현재**→고전 11:31-32, 5:5-, 딤전 1:20 **미래**→마 25:31-46, 고전 3:8-16, 고후 5:10-, 계 20:11-15

[십자가]

사실→눅 23:32-33, 요 19:18-24, 고전 1:23, 24, 2:2, 갈 3:1, 계 11:8 **능력**→롬 6:6, 고전 1:24, 갈 2:20, 3:1, 5:24 , 6:14, 엡 2:16, 빌 2:9, 골 2:14

[영생]

요 3:36, 5:24, 6:53, 14:6, 17:3

[용기]

원천→시 3:6, 27:1,3, 46:1, 잠 28:1, 막 8:38, 딤후 1:8-,히 13:1 **예**→삼상 14:6-, 17:32, 단 3:14-18, 6:10-, 행 4:19-20, 5:29-, 20:24, 21:13

[우상]

금지→출 20:4-6, 20:23, 시 97:7-, 신 12:29-31, 계 21:8 **결과**→출 32:25, 민 25:1-3, 신 8:19-, 31:20-21, 대하 19:2-3, 28:22-23, 겔 5:9-11, 14:5-, 롬 1:21-23

[위로]

마 9:2, 22, 14:27, 요 15:26, 16:33, 행 23:11, 롬 1:12, 고후 1:3-7, 엡 6:22, 골 4:8, 11, 살전 4:13-18, 요일 2:1

[은혜]

요 1:14, 17, 행 2:47, 13:43, 롬 3:24, 6:17, 고전 16:3, 고후 8:19, 엡 2:8, 히 4:16

[인내]

필요→눅 8:15, 살전 5:14, 살후 1:4, 딤전 6:11, 딤후 3:10-11, 딛 2:2-, 히 12:1, 벧전 2:19-21, 벧후 1:6- **보상**→고전 9:24, 10:13, 살전 1:3, 약 1:12, 5:7-, 11, 히 10:36

[자녀]

출생→시 127:3-5, 128:3-6 **축복**→잠 10:1, 15:20, 23:24 **교육**→창 18:19, 신 4:9, 6:6, 삼상 1:25, 엡 6:4, 딤전 3:4, **의무**→출 20:12, 레 19:3, 잠 1:8, 6:20, 엡 6:1, 골 3:20

[자유]

마 5:48, 롬 6:14, 18:22, 8:1, 15, 고전 7:22, 15:56-57, 갈 3:13-, 5:2, 4, 딤후 2:13-, 약 1:25, 벧전 2:16

[재림]

요 14:3, 행 1:8, 3:19-20, 고전 1:7, 살전 4:16-17, 히 9:28, 요일 2:28, 계22:7, 12, 20

[죄]

정의→사 1:4-5, 59:2, 느 9:37, 욥 34:37, 시 38:3, 렘 5:25, 17:1, 호 6:7, 마 6:12, 롬 3:10-18, 23, 행 8:23, 엡 2:1, 5, 요일 3:4 **경고**→신 8:11-14, 단 4:28, 요 5:14, 27-29, 9:41, 롬 6:23, 고후 5:21, 히 3:13, 약 1:15, **죄 사함**→레 4:20, 시 32:1, 85:2, 마 9:2, 5, 롬 4:7, 행 5:31, 26:18, 엡 1:7, 골 1:14, 2:13, 요일 2:12

[중생]

정의→요 1:13, 3:8, 고후 5:17, 갈 6:15, 엡 2:5, 4:24, 골 2:13, 딛 3:5 **변화**→시 51:10, 겔 11:19, 마 5:4, 요 5:21, 롬 6:13, 고전 2:14, 고후 4:6, 골 3:10, 살후 3:5, 히 13:21, 벧전 1:8 **요구**→창 6:5, 레 11:44, 시 5:5, 요 3:3, 롬 3:10, 벧전 1:16

[천국]

마 6:20, 19:21-, 눅 15:7,10, 고후 12:4, 히 12:14, 계 7:13-17, 21:4, 23, 22:5

[충성]

마 13:25, 25:14-30, 요 12:24, 롬 8:18, 고후 1:6, 10:4, 딤전 6:12, 히 6:8, 계 2:10

[하나님]

속성→창 17:1, 출 3:14, 34:8, 레 11:44, 신 6:4, 대상 28:9, 시 2:4-6, 145:3, 렘 10:10, 마 5:48, 롬 3:4, 딤전 6:16, 요일 4:8 **증거**→시 19:1, 요 1:18, 5:39, 20:17

[행복]

신 33:29, 시 128:2, 144:15, 146:5, 잠 16:20, 요 13:17, 벧전 3:14

[화평]

눅 2:14-, 19:42, 요 14:27, 롬 5:1-, 12:18-, 엡 4:3-, 계 7:15-17

[환란]

시 34:19, 잠 8:18, 24:10, 렘 12:5, 마 5:10, 롬 12:15, 고전 10:13, 12:9-10, 딤후 3:11, 약 1:12, 벧전 2:19

[회개]

겔 18:30, 마 3:8, 21:28-30, 눅 15:22, 18:13, 19:8, 요 5:14, 행 2:37-42, 9:5, 14:15, 고후 7:10, 살전 1:9, 딤후 2:25

26. 심방시 인용성구

(1) 목사편

- 목사의 피택: 마 22:14, 요 15:16, 행 9:15, 13:22, 고전 1:1, 갈 1:5, 1:15, 딤전 1:1, 1:12, 6:11-12
- 목사의 의의: 마 24:45, 눅 12:42, 롬 11:13, 고전 4:1, 고후 5:20, 딤후 4:5, 딛 1:9, 벧전 5:1-3
- 목사의 직무: 마 28:16-20, 요 21:15-17, 행 1:8, 갈 1:6-10, 갈 3:27, 엡 4:12, 빌 2:5, 벧전 1:15
- 〃 책임: 막 2:17, 요 10:1-18, 딤후 2:3-5
- 목사의 축복: 마 5:44, 16:18-20, 19:27-28, 25:21, 28:18-20, 요 21:15-17, 고전 9:14, 딤전 5:18, 딤후 4:7-9, 벧전 5:4
- 박해: 마 5:10, 막 4:17, 행 4:2-3, 4:19-20, 행 13:50, 히 11:33-40
- 기쁨: 시 126:5-6, 마 5:11-12, 눅 10:20, 요 17:13, 고후 6:10, 8:5, 빌 1:12, 딤후 1:3-8

(2) 장로편

- 자격: 딤전 3:1-7, 벧전 5:2, 창 13:9, 18:1-8:16, 창 18:22-34
- 직무: 요 4:20-21, 행 6:2, 20:28, 고후 5:14-15, 히 12:23, 벧전 5:3-5
- 축복: 딤전 5:17, 살전 5:13, 벧전 5:4, 12, 계 4:4

(3) 집사편

- 자격: 행 6:3, 5, 8, 딤전 3:8-13, 히 8:2, 8:23-24
- 직무: 행 6:2, 7:1-60, 21:8, 롬 16:1-2, 엡 6:21-22, 빌 4:2-3, 골 4:7
- 시험: 요 12:6, 행 5:1-11, 6:5, 갈 6:3-5, 딤전 3:11, 계 2:6
- 축복: 행 21:8-9, 딤전 3:13-15

(4) 권사 · 권찰편

- 직무: 창 37:14, 삼상 17:18, 눅 8:1-3, 10:40, 요 1:45-46, 행 9:36, 11:22-23, 고후 1:4
- 모범권찰: 행 9:26-27, 11:23-24, 29-30, 13:1-3, 15:36-41

(5) 전도자편

- 중요성: 마 20:1-7, 10:5-15, 23:37, 28:19, 눅 32:32, 요 4:14-15, 행 1:8, 2:3, 4:19-20, 22:12, 롬 1:14-16, 10, 15, 고전 9:16-19, 딤후 4:2-5, 약 5:19-20, 벧전 2:9
- 상급: 마 10:9-10, 딤후 4:8, 살전 2:19-20
- 방법: 막 1:38, 3:14, 눅 4:44, 요 1:41, 45, 행 10:44, 고전 2:4, 골 4:3, 딤후 4:2-5, 계 1:9

(6) 교사편

- 중요성: 마 4:23, 28:20, 요 21:15-17
- 직무: 신 31:13, 마 7:29, 11:29, 13:54, 눅 4:32, 요 13:13-14, 딤전 4:11-13
- 경고: 마 18:6, 고전 9:27, 약 3:1

(7) 찬양편

- 중요성: 창 9:26, 출 15:1, 사 38:20, 엡 1:3, 약 5:13

- 방법: 시 150:1-6, 엡 5:18-19, 히 13:15
- 장소: 시 42:10-12, 149:5, 150:1, 행 2:47, 2:12, 16:25, 계 5:13
- 때: 약 5:13, 욥 1:21, 시 89:17, 145:1-2, 149:2, 행 3:8-9

(8) 청년편

창 39:7-18, 출 2:11-15, 시 119:9-16, 잠 10:1, 전 12:1, 에 2:2, 마 9:16-22, 25:1-13, 막 14:51, 눅 7:14, 행 2:17, 23:17-18, 고후 11:2, 4:12, 딤전 6:11-16, 벧전 5:5, 요일 2:13-14

(9) 학생편

신 31:13, 잠 1:7, 4:1, 마 11:28-30, 눅 1:4, 요 6:45, 행 7:22, 엡 4:20, 딤후 3:14, 약 1:5

(10) 유년편

창 37:1-11, 사 3:4, 삼상 9:2, 시 8:2, 잠 7:22, 잠 20:11, 전 4:13, 마 1:16, 11 18:3-4, 요 6:9, 고전 3:1-9, 딤전 4:12

(11) 각종 집회편

- 세례식
  (ㄱ)회개의 세례 : 슥 1:16, 마 3:6-19, 행 8:36-39
  (ㄴ)성신의 세례: 마 3:11-12, 16:16, 행 2:28, 22:16, 딤후 3:5
  (ㄷ)입교 예식 : 창 17:9-14, 전 3:27, 행 2:40-42
  (ㄹ)세례 받아야 함 : 마 3:13-15, 28:19, 눅 3:21
  (ㅁ)유아세례 : 눅 2:22-23, 18:15-16, 행 2:38-39, 롬 6:3, 마 3:23
- 성찬식
  (ㄱ)성찬식의 필요: 마 26:26-28, 고전 10:16, 11:24-25
  (ㄴ)성찬식에 참여할 자격: 마 26:20, 행 2:41-42
  (ㄷ)성찬식의 유익: 출 12:21-28, 요 1:29, 6:53
- 목사 임명식, 장로 장립식, 권사 집사 임명식은 55페이지를 참고 바랍니다.
- 예배당 헌당식: 출 25:1-9, 왕상 8:32-43, 요 2:17, 살전 5:23
- 성직자 시무 기념식: 삼상 12:2, 느 5:14-19, 딤후 4:7-8
- 교회 창립 기념식: 마 5:3, 24:13, 막 4:28, 요 5:20, 8:51-59, 약 2:12, 벧전 3:20, 계 2:10, 3:17
- 교역자 환영회: 막 2:13-17, 눅 19:1-19, 요 4:32-34
- 교역자 전별회: 창 27:41-45, 42:36, 삼상 20:41, 눅 22:14, 살전 2:15-20
- 교역자 친목회: 행 2:42-44
- 신입 교인 환영회: 창 43:15-34, 느 8:10, 17, 겔 9:17, 22, 마 12:48-50, 눅 15:3, 11-24
- 선교사 환영회: 눅 10:25, 요 8:31, 5:1-9, 갈 5:1-15
- 교역자 수양회: 슥 4:6, 마 11:18,32, 요 4:29, 42, 행 4:19, 16:6, 갈 1:1-13, 히 10:9
- 주일학교 강습회: 마 18:1-14, 요 21:15-18
- 전도회 예배 때: 막 6:30, 요 3:34, 롬 1:14, 행 1:8, 5:32, 살전 5:19, 딤전 2:4
- 경기대회: 롬 12:21, 고전 9:24-27, 엡 6:10-20, 딤전 6:11-12, 딤후 4:7-8
- 기도회 때: 막 10:35,37, 행 2:1-14, 약 5:16-17

(12) 환자 집에서

- 환자에 대한 교훈: 왕상 13:14, 고후 12:7-10, 갈 4:13, 딤전 5:23, 약 5:13-16
- 환자 고통에 유익: 롬 8:26, 욥 1:13, 시 41:3, 요 11:4
- 질병의 간구: 왕하 20:1-11, 마 6:33
- 아이 병난 집: 삼하 12:12-23, 시 57, 마 15:21, 18:3-7, 막 5:21, 요 4:46
- 노인 병난 집: 요 14:2-3, 고후 4:16, 5:1-2
- 여인 병난 집: 마 5:25-34, 눅 7:13-15, 요 11:32
- 불구자에게: 마 18:8, 막 2:1-12, 8:22-26
- 귀신 들린 집에서: 마 12:43-45, 막 1:21-28, 5:1-2

(13) 애경사 집에서

- 생일 집에서
  (ㄱ) 아기생일: 창 21:8, 마 18:14, 눅 2:19, 40, 52, 행 13:22
  (ㄴ) 어른생일: 시 71, 90, 요 3:3-5, 고전 15:44, 갈 3:27
  (ㄷ) 회갑집에서: 신 34:7-9, 수 14:10-11, 욥 1:1, 시 127:3, 128: , 잠 16:31, 눅 2:37, 벧전 4:1-2
- 혼인 집에서
  (ㄱ)약혼식: 신 7:6, 시 110:4, 고후 11:2, 갈 1:15
  (ㄴ)약혼의 성립: 창 1:21, 24:58, 65:67, 호 2:19-20, 마 19:6
  (ㄷ)혼례식: 엡 5:22-33, 살전 4:3-6, 히 6:17, 13:4, 계 19:7-8
  (ㄹ)혼인축하: 창 26:12-13, 28, 27:29, 32:6-10, 눅 14:10-11
- 상가집 위문
  (ㄱ)어른 죽은 집: 창 5:24, 시 1:6, 32:7, 46:1, 116:15, 고후 5:9, 살전 4:14-18
  (ㄴ)아기 죽은 집: 왕하 12:15,22, 전 6:3-6, 마 18:3-14, 계 7:16-17
  (ㄷ)남편 죽은 집: 출 13:17-18, 벧전 5:10, 요일 5:21
- 장례식
  (ㄱ)죽음 이유: 창 25:7-8, 요 14:1-3, 롬 7:23, 고전 5:5, 고후 5:1, 살전 3:4, 13-18, 히 2:14-15, 9:27-28
  (ㄴ)노인 장례식: 창 47:9, 욥 14:1-2, 시 90:10, 103:15-16, 약 4:15
  (ㄷ)청소년 장례식 :왕상 2:2, 히 2:15
  (ㄹ)교역자 장례식: 창 5:24, 행 8:2, 롬 14:8, 빌 1:23, 딤후 4:1, 6:2
  (ㅁ)불신자 장례식: 막 15:34, 히 9:22-28, 벧전 2:11
  (ㅂ)하관식: 욥 5:26, 전 12:7, 고전 15:25-36, 42:44
  (ㅅ)반혼제: 창 25:5, 26:2-5, 50:10
- 추도식
  (ㄱ)자녀 기일: 창 42:36, 전 7:1, 3-6
  (ㄴ)부모 기일: 창 50:10, 눅 16:19-31, 요 14:1-3, 행 20:31,33,37, 고전 11:1-2, 고후 11:28, 딤후 1:5
  (ㄷ)교역자 추도식: 고후 6:10, 갈 4:16, 살전 2:7-8
  (ㄹ)불신자 기일에: 눅 20:25, 행 20:31, 고전 11:24, 딤후 2:11-14, 약 2:18

(14) 기타 신자 집에서

- 불출석자 집에서: 마 26:58, 히 3:13,14, 4:16
- 주일 잘 안지키는 집: 출 20:8-11, 31:13-17, 사 58:
- 사랑이 없는 집: 창 32:1-9, 마 6:19-24, 19:21, 막 10:29, 요 12:3-8, 행 4:36
- 세상 사랑하는 집: 전 1:, 눅 17:32, 요 2:15, 빌 3:18-19, 골 3:2
- 낙심된 자의 집: 욥 7:6, 렘 2:25, 2:10, 갈 3:3, 히 10:32-35
- 낙심 되었다가 다시 돌아오는 집: 호 11:4-8, 슥 12:10, 마 3:8, 11:20-24, 눅 15:17-19, 고후 3:2
- 교회 일 쉬는 집: 고전 15:58, 갈 4:14-20, 빌 2:12-18
- 타락한 교직자: 삼하 11:2-5, 요 12:4-6, 행 7:51, 엡 4:26-27, 살전 5:19, 히 2:3, 6:4-6, 10:26-29, 유 6
- 가정 불신자 집 :마 10:34-38, 눅 2:49, 고전 9:20, 엡 4:25-27, 벧전 1:18, 벧전 3:1-2
- 가족 기도 안하는 집: 행 2:46, 10:2-7, 12:12, 롬 16:5, 딤후 3:15, 4:9
- 시험 당한 집: 삼하 11:2, 잠 28:20, 30:2, 약 1:13-14, 히 12:5,12
- 화평한 가정에서 :창 18:19, 32:2, 신 4:9-10, 욥 1:5, 시 127; , 128:3-6, 133:1, 잠 31:27, 행 10:1
- 불효자의 집에서: 창 7:20-27, 26:34, 출 21:15, 신 27:16, 잠 15:20, 19:26, 28:24, 30:11, 17, 겔 22:1
- 효도의 집에서: 창 9:20-27, 37:2-3, 잠 23:22-25, 룻 1:16, 엡 6:1-3
- 자녀 많은 집에서: 창 33:5, 삼상 1:11-28, 2:26, 시 128:1-6, 히 11:33-35
- 개업하는 집에서: 시 128:, 말 3:10-12, 4:2-3, 마 13:45-46, 딤전 6:17,19, 약 4:13-17
- 부자유한 자
  - (ㄱ)종교상: 단 1:8, 3:17, 6:10, 행 21:17, 벧전 2:15
  - (ㄴ)직업상: 창 39:1, 왕하 5:1-7, 고전 7:18, 엡 6:1
  - (ㄷ)불신가정: 눅 12:49, 딤전 5:8, 벧전 3:1, 룻 10:17
- 신앙생활에 핑계하는 자: 눅 14:15-24
  - (ㄱ)재물을 인하여: 마 13:22, 19:22, 26:14, 15, 눅 12:13-20, 엡 5:5
  - (ㄴ)사업을 인하여: 삼상 15:23-26, 18:8, 왕상 11:29-40, 12:25-76
  - (ㄷ)가정향략을 위하여: 왕상 11:1-13, 단 4:28-33, 5:31, 눅 16:19-32
  - (ㄹ)가정에 공포를 인하여: 출 4:4-10, 렘 14:10, 슥 6:8
- 돈벌어 가지고 믿겠다는 자: 시 10:3, 39:6, 잠 21:25, 전 4:8, 마 19:22-24, 딤전 6:9-10
- 환경이 부정한 자: 창 6:5-13, 14;13, 마 5:13-14, 눅 15:13, 빌 2:15-16, 요일 5:4, 5, 유 1:17-23
- 사업 실패한 자: 욥 1:21-22, 시 37:5, 사 74:4, 학 1:3-6, 눅 15:13-21, 갈 6:8, 엡 4:17, 살후 3:13, 약 4:15, 빌 2:15-16, 요일 5:4-5, 유 17-23
- 직업이 없어 걱정하는 자: 창 47:63, 왕상 3:7,13, 마 6:23, 26, 요 6:26-29, 살후 3:8-10
- 이사하여 온 집: 창 26:25, 28:23, 요 14:1-3, 눅 9:5, 고후 5:3, 히 11:9,13, 벧전 1:7
- 셋방집: 전 12:5, 마 21:23, 눅 9:58, 딤전 6:7, 벧전 1:17, 계 21:4
- 새로 지은 집: 창 6:14, 고전 3:16, 고후 5:1, 벧전 3:20
- 내외간 다툰 집: 욥 3:19, 잠 15:17, 16:32, 21:9, 전 10:4
- 교우끼리 다툰 집: 갈 6:3, 엡 4:26, 빌 2:3, 골 3:12
- 연보 안하는 자: 창 4:14, 말 3:8-10, 마 6:19-20, 롬 3:24, 고후 8:4, 갈 6;6, 빌 4:18
- 교회 부인하는 자: 고전 3:16, 12:20, 엡 1:22

- 자랑 잘 하는 자: 삼상 17:43-44, 에 5:9-12, 6:11, 단 4:30, 고후 11:30, 엡 2:9, 빌 3:9, 빌 3:3, 약 1:10, 4:16
- 가난한 집: 욥 34:19, 잠 20:13, 23:21, 28:10, 마 8:20, 약 2:5, 벧전 5:7
- 부요한 집: 신 8:18, 잠 22:7, 10:22, 전 5:19
- 농사하는 집: 마 13:1-9, 21:33-34, 막 4:28-29
- 약방집: 렘 46:11, 마 25:14-30, 계 3:18
- 장사하는 집: 출 21:6, 레 19:35, 실 25:13, 24:7, 마 25:14-20
- 노동하는 집: 창 3:19, 1:1, 느 4:7, 엡 6:5, 살후 3:10
- 어부의 집: 마 4:18, 눅 5:4, 요 1:40, 행 2:41
- 과수 재배하는 집: 마 25:36, 요 15:1-8, 갈 5:22-23
- 노인에게: 창 6:9, 26:25, 50:25, 고후 5:1, 4:16, 딤후 4:6, 히 11:11, 17, 계 25:7
- 관리에게: 느 1:1, 단 3:16, 요 7:49, 행 8:27-48
- 군인에게: 마 8:5-10, 눅 3:14, 행 10:
- 입대하는 자에게: 출 17:18-, 신 32:7-14, 엡 6:10-17, 딤후 2:1-7
- 과부에게: 신 10:18, 시 68:5, 딤전 5:3-16
- 고아에게: 에스더, 요셉, 시 10:14, 68:5, 146:9, 호 14:3
- 사회 사업가: 욥 31:16-18, 딤전 5:1-2

(15) 각종 불신자에게

- 도를 멸시하는 자: 마 22:37, 요 14:6, 롬 3:23, 벧전 2:24
- 믿는 것을 모른다는 집: 사 53:6, 눅 15:17, 행 16:31, 롬 10:13
- 죄가 너무 크다는 자: 눅 19:10, 요 1:29, 4:14, 딤전 1:15
- 중도에 패할까 하는 자: 사 41:10-13, 요 10:28, 고전 10:13, 벧전 1:5, 28
- 너무 약하다고 하는 자: 고전 10:13, 고후 12:9-10, 빌 4:13, 히 11:29-33
- 악습을 버리지 못하겠다는 자: 창 28:15, 고전 15:3, 갈 6:7, 빌 4:13
- 믿으면 핍박할까 봐: 마 5:10, 롬 8:18, 딤후 3:12, 히 12:2
- 믿으면 직업 없다는 자: 마 6:33, 16:24, 막 8:36, 눅 12:6
- 믿으면 손해 보겠다는 자: 시 16:11, 마 13:44, 막 8:36, 빌 3:7
- 믿는 일이 어렵다고 하는 자: 잠 13:15, 마 11:30
- 믿으면 친구가 없어진다고 하는 자: 잠 13:20, 29:25, 요 2:1, 고전 15:33
- 마음에 감동이 없다는 자: 사 55:1-, 마 10:32, 갈 5:22-23, 엡 1:13
- 믿는 기회를 잃었다는 자: 사 1:18, 렘 29:13
- 믿기가 늦었다고 하는 자: 눅 23:39-43, 고후 6:2, 벧후 3:9
- 자기의 의를 의지하는 자:마 22:37, 롬 7:19, 3:20, 갈 3:10, 약 2:16
- 하나님이 선하시니 멸망 안 시킨다는 자: 요 8:21, 1:12, 롬 2:4, 벧후 3:9, 2:4
- 신자 되기 힘쓴다는 자: 요 1:12, 행 16:31, 롬 3:23-25
- 천당으로 갈 줄 안다는 자: 잠 14:12, 요 2:29, 3:16, 36, 눅 18:9
- 무식하여 의심하는 자: 요 1:12, 3:36, 5:12-13, 엡 1:13
- 죄짓고 의심하는 자: 잠 28:13, 요 8:12
- 경솔한 자: 요 5:14, 고전 1:18, 2:14, 살후 2:10

- 알고자 하나 불신자: 요 7:17, 16:8, 행 17:21, 벧전 5:5
- 성경이 하나님의 말씀인 것 부인하는 자: 마 24:25, 눅 16:30, 요 10:26, 롬 3:34
- 하나님 존재 부인하는 자: 시 14:1, 잠 1:7, 롬 1:19-22
- 후세상 부인하는 자: 눅 16:30, 요 5:26, 고전 15:36, 히 9:27
- 후세 지옥 부인하는 자: 마 25:41, 계 13:7, 17:8, 21:8, 27
- 예수님이 하나님 됨을 부인하는 자: 막 14:61, 요 2:20, 5:23, 20:3, 행 10:36, 고전 3:3, 히 1:10, 10:28
- 하나님 원망하는 자: 욥 40:2, 겔 33:11, 롬 9:20, 11:33, 벧후 3:8
- 성경 원망하는 자: 마 11:25, 롬 8:28, 고전 1:18, 2:14
- 구원 방법 원망하는 자: 창 2:17, 요 5:28, 롬 9:20, 11:33, 엡 2:1
- 생각 후 믿겠다는 자: 사 55:6, 욥 36:18, 잠 29:1, 마 24:44, 25:10
- 믿는 자를 원망하는 자: 렘 2:5, 마 6:14-15, 7:1-5, 요 21:21, 18:23, 롬 14:4
- 취직 후 믿겠다는 자: 창 13:8-17, 마 4:4, 6:33, 계 12:20
- 회개시킬 때 기다리는 자: 잠 29:1, 고후 6:2, 히 3:15, 12:17
- 늙은 후에 믿겠다는 자: 전 12:1, 마 19:14, 요 2:14, 갈 6:7

(16) 각종 기념예배

- 연중 마지막 주일: 마 5:16, 눅 12:18-21, 행 9:4, 엡 4:25, 골 3:1-2, 히 5:12, 벧전 2:2, 요일 2:15, 17
- 신년 첫 주일: 수 1, 잠 16:1-9, 엡 4:22-24, 골 3:10
- 추수감사주일: 창 22:16-17, 26:3-14, 레 20:10-20, 신 36:7, 엡 5:11-18, 수 14:10
- 고난 주일: 막 3:20, 눅 2:6-7, 요 1:14
- 부활주일: 시 16:10, 마 27:62-66, 28:11, 눅 24:1-10, 요 1:29, 고전 15:2-22
- 어머니 주일: 창 7:20, 잠 23:22, 25, 막 7:8-13, 엡 6:12, 딤전 5:4
- 입학 축하예배: 신 6:4-9, 잠 1:8, 16:20, 딤후 3:14-17
- 어린이 주일: 사 14:6, 왕상 3:9, 단 1:8, 눅 2:40
- 산상 예배: 창 2:16-17, 8:4, 22:2, 출 3:1-3, 25:8, 마 5:17-24, 24:3, 25:41
- 청년 헌신예배: 시 59:15, 마 11:25-32, 16:16, 28:9, 막 2:14, 요 15:4
- 졸업 축하예배: 창 28:10-12, 37:1-9, 잠 16:16-25, 롬 12:1-2, 히 3:14

(17) 신자의 은사문제

- 은사의 필요성: 롬 1:11, 고전 1:7
- 은사의 종류: 롬 12:6-8, 고전 12:4-11
- 은사의 활용: 롬 12:9-21, 고전 12:12-31, 딤후 1:6, 벧전 4:10
- 은사 받은 자의 경고: 히 6:4

27. 성경 연대 개략

사건	연대	사건	연대
아담	B. C. 4000년경	본디오 빌라도가 유대 총독 됨	A. D. 26년경
노아홍수	B. C. 2400 〃	예수님 십자가에 죽음	A. D. 30 〃
〈단군조선 건국〉	B. C. 2333 〃	오순절 초대교회	A. D. 30 〃
아브라함	B. C. 2000 〃	스데반 집사 순교	A. D. 36 〃
야곱	B. C. 1900 〃	바울의 중생	A. D. 37 〃
요셉	B. C. 1800 〃	바울의 제 1차 전도여행	A. D. 46 〃
모세 출애굽	B. C. 1400 〃	바울의 제 2차 전도여행	A. D. 49 〃
룻	B. C. 1150 〃	바울의 제 3차 전도여행	A. D. 53 〃
〈고조선 건국〉	B. C. 1122 〃	바울의 로마여행	A. D. 60 〃
사무엘	B. C. 1100 〃	베스도가 유대 총독됨	A. D. 60 〃
사울	B. C. 1053 〃	베드로의 순교	A. D. 64 〃
다윗	B. C. 1013 〃	바울의 순교	A. D. 67 〃
솔로몬	B. C. 973 〃	예루살렘 성전 파괴	A. D. 70 〃
왕국분열	B. C. 933 〃	가톨릭 교회 성립	A. D. 200 〃
(북이스라엘, 남유대)		마호메트교 출현	A. D. 627 〃
북이스라엘 멸망	B. C. 721 〃	〈루터 종교개혁〉	A. D. 1517 〃
앗수르 멸망	B. C. 607 〃		
바벨론 유대 정복	B. C. 606 〃		
남유대 멸망	B. C. 586 〃		
바벨론 멸망	B. C. 539 〃		
(포로 귀환)	〃		
성전재건	B. C. 520 〃		
에스더의 바사국 왕비	B. C. 478 〃		
〈소크라테스 탄생〉	B. C. 470 〃		
바사국 통치	B. C. 430 〃		
헬라국 통치	B. C. 331 〃		
독립시대	B. C. 167 〃		
로마가 예루살렘 점령	B. C. 63 〃		
〈신라 건국〉	B. C. 57 〃		
헤롯이 유대 총독이 됨	B. C. 37 〃		
〈고구려 건국〉	B. C. 37 〃		
예루살렘 성전 증축	B. C. 19 〃		
예수님 탄생	B. C. 4 〃		

성막 분해와 명칭

◀ 성막의 평면도

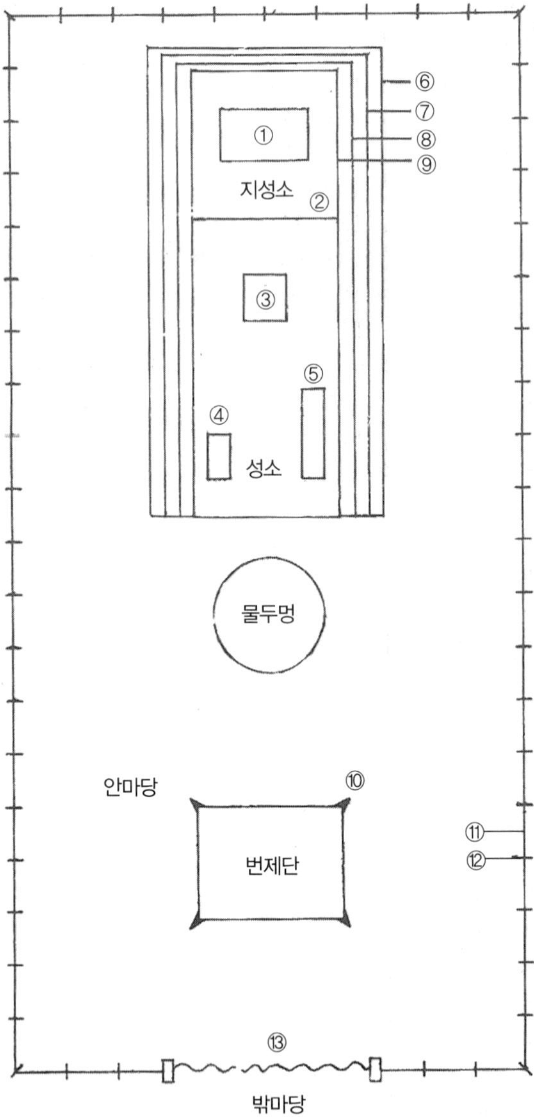

① 법궤
속죄소
그룹
② 안휘장
③ 향단
④ 촛대
⑤ 떡상
⑥ 해달의 가죽
⑦ 붉은 물들인 숫양 가죽
⑧ 염소털의 가죽
⑨ 가는 베 실막
⑩ 제단 뿔
⑪ 휘장
⑫ 기둥
⑬ 출입문

대제사장의 의상 구조도

대제사장(THE HIGH PRIEST)
출 28:1-히 8:1,2
히 7:24, 25- 요일 2:12
금패(GOLDEN PLATE)
출 28:36-38
관(MITRE)
출 28:39
보석(ONYX STONES)
출 28:9-14
흉패(BREASTPLATE)
출 28:15-29~엡 6:14
우림과 둠밈 출 28:30~민 27:21
겉옷(COAT)
출 28:39~계 19:8
에봇(EPHOD)
출 28:6,7
띠(CURIOUS GIRDLE)
출 28:8~출 39:5~눅 17:8, 사 22:21
속옷(ROBE)
28:31-35~사 61:10 유 29:14

엄승용
- 성결대학교/신학원 졸업(M-div)
- 동국대학교 행정대학원 졸업(행정학 석사;MPA)
- 호서대학교 대학원 신학과 졸업(신학석사;Th-M)
- 미국 Fuller Theological Seminary 졸업(목회학박사;D-Min)
- 성결대학교 강사 역임
- 남대문 선교회 담임목사 역임
- 육군 군종목사(중령 예편)
- 미국 뉴저지 대한교회 담임목사 역임
- 미국 Faith Theological Seminary & Bible College 강사
- 대전 한빛교회 선교담당 목사

저서 교회생활백과
심방성구편람
무엇을 어떻게 믿을 것인가
성막강해
슬기롭게 사는 지혜
톡톡 튀는 알짜복음

성경요점

펴 낸 날	1판 1쇄 1983. 1. 15
	2판 1쇄 2008. 7. 15
	3판 1쇄 2017. 11. 30
	3판 2쇄 2022. 10. 15

지 은 이	엄승용
펴 낸 이	이환호
펴 낸 곳	예찬사
등 록	1979. 1. 16 제 2018-000103호
주 소	경기도 고양시 덕양구 중앙로 557번길 8-9, 엠앤지프라자407-2호
전 화	798-0147-8
팩시밀리	798-0145. 031-979-015
브 로 그	blog.naver.com./yechansa
이 메 일	octo0691@naver.com
ISBN	978-89-7439-327-4 03230